암을 치유하는 앎

암을 치유하는 앎

심세진 지음

지식공감

내 나이 46세. 갑작스러운 대장암 4기 간 전이 선고.
난 어떻게 살아야 할 것인가?
끝없는 절망의 나락에서 건져 주시고 일으켜 주시는 하나님.
매일의 묵상을 통해 하나님을 다시 만나 더욱 깊이 알아가며 암
투병이라는 고통과 싸워 이길
힘을 주시는 하나님을 묵상하며 쓴 글입니다.

여호와 닛시(Jehovah-nissi)란 히브리어로 "여호와는 나의 깃발이다(The
Lord is my banner)"라는 뜻입니다. 깃발을 드는 것은 승리와 쟁취를 의미
하듯 질병 가운데 있는 모든 이들이 이 글을 통해 죽음을 넘어 살
리실 하나님 계심을 알아가고 하나님이 이기도록 하시는 승리를 만
나길 소원하며 글을 써내려 갑니다.

어떤 어려움 가운데 있더라도 힘을 내시고,
여호와 하나님으로 승리하세요.
그리고 하나님 이기도록 하신
승리의 이야기를 세상에 마음껏 나누길 소망합니다.

여호와 닛시는 "하나님은 깃발이시다"라는 의미를 가진다. 깃발은 승리라는 의미를 포함하고, 여호와 닛시는 승리의 하나님을 의미하게 된다. 그렇다! 하나님은 승리의 하나님 되시고 삶에 승리의 깃발을 휘날리도록 만드실 것을 성도는 믿고 살아가게 된다.

성경 속 모든 이야기는 하나님 승리의 역사를 보여주며 하나님을 믿고 따르는 우리에게 승리의 확신을 주고 있다. 성경을 살펴보면, 창세기부터 요한계시록까지의 역사 history 는 살아 계신 하나님이 함께 하시는 역사이고 하나님이 함께 하셨을 때 그의 백성들은 언제나 승리하였다. 성도를 공격하고 넘어뜨리는 모든 죄의 유혹과 시험, 삶의 고통 가운데에서 이길 수 있었던 유일한 방법은 하나님이 함께 하시는 것이었다.

특별히 하나님께서는 그가 이끄시는 승리를 직접 보여 주시기 위해 이 땅에 예수 그리스도까지 보내 주셨다. 왜냐하면, 하나님의 승리가 있다는 것을 모르고 믿지 않는 사람들이 너무 많았으니까! 그래서 예수 그리스도라는 승리의 구원자가 이 땅에 오셔야만 했다. 그리고 예수 그리스도는 십자가의 죽음을 통해 죽음이 끝이 아닌, 죄와 사망을 이기심을 통해 그와 함께한 이 땅의 모든 성도에게 새 생명과 승리를 경험케 하시는 역사를 보여주셨고 성경은 이를 증언하는 것이다.

성탄으로 오신 예수님은 이 땅에서 기적을 일으키는 승리를 백성들에게 보여주셨고 최후의 승리를 위해 이제 그는 십자가를 선택하였다. 죽음을 상징했던 바로 그 십자가였다. 하지만 성도는 예수의 십자가를 죽음이 아닌 승리로 바라본다. 예수 그리스도를 알지 못하고 믿음이 없는 사람은 십자가를 패배라는 시선으로 바라보겠지만, 믿음으로 바라보는 눈은 십자가의 죽음만을 바라보지 않기 때문이다. 십자가 죽음 뒤에 다시 사신 부활의 승리를 보았고 죽음을 이기고 살아서 여전히 일하시고 기적을 일으키시는 예수님을 성도는 믿음으로 바라볼 수 있기에 승리의 역사는 계속되어지고 있는 것이다.

이 땅을 살아가면서 우리는 어떤 승리를 꿈꾸고 선택하며 살아가고 있는가 생각해 보게 된다. 사람마다 승리의 모습과 기준은 다를 것이다. 사회적 지위, 좋은 직장, 풍요로운 물질, 목표의 성취, 높은 지식 등 자신만의 승리의 기준을 충족시키기 위해 여전히 살아가기 바쁘다. 그런데 과연 그곳에서 승리를 누렸는가? 여전히 승리자로 과연 살아가고 있는가? 우리가 쟁취했다는 승리는 결국 어떤 모습이었는가?

성도가 누릴 승리의 기준은 세상과는 다르다. 그렇다고 정신승리 같은 것을 말하는 것은 아니다. 성도는 예수 그리스도가 이 땅에 오신 모습을 통해 승리의 모습과 기준을 세워 나가기 때문이고,

성경을 통해 살펴본 하나님의 일하심을 통해 그가 함께 하시는 승리를 믿고 살아가기 때문이다. 성도는 이것을 믿고 살아간다. 바로 하나님이 책임져 주시는 승리다. 하나님이 내 삶에 주인 되시고 성도는 그의 자녀됨과 동시에 하나님은 자녀들의 삶을 주관하고 책임져 주시기 때문이다. 그래서, 이사야 43장에서 말씀하셨다.

> "야곱아 너를 창조하신 여호와께서 지금 말씀하시느니라 이스라엘아 너를 지으신 이가 말씀하시느니라 너는 두려워하지 말라 내가 너를 구속하였고 내가 너를 지명하여 불렀나니 너는 내 것이라" (사 43:1)

　그렇다! 우리는 하나님의 것 그리고 그의 자녀인 것이다. 자녀인 우리를 위해 하나님은 주인으로서 그리고 부모로서 책임을 가지신다. 그렇다면, 하나님은 부모로서 어떤 책임을 지니고 계실까? 세상의 어떤 부모라도 자녀가 실패자이며 패배자로 살기를 결코 원하지는 않는다. 어떤 부모가 자녀가 패배자로 살기 원하고 나약한 모습으로 살기 원하겠는가? 마찬가지로 하나님은 우리 모두가 승리자로 살기 원하시기에 자녀를 위해 일하시고 계획하신 책임을 언제나 가지고 계시다는 것이다. 그리고 하나님은 우리에게 자녀삼은 책임을 다하시기 위해 세상을 향해 이기셔야만 했다. 죄와 사망으로부터 이기셨고, 자녀들의 삶을 흔들고 누르는 모든 악한 것들; 질병, 고난, 가난, 두려움, 낙심, 절망 등; 로부터 이기도록 대신 싸우시고 또한 우리가 이길 수 있도록 힘을 더하여 주신다는 사실이다.

이제 여호와 닛시의 승리가 마음 속에 확신으로 다가왔는가?

여전히 패배의 두려움 가운데, 현재의 연약한 모습 때문에 도저히 승리를 바라볼 수 없는가? 그렇다면 나의 승리의 기준에 변화가 필요하고, 내가 삶에서 원하고 추구하는 승리의 모습이 어떤 모습인지 그것을 재발견하여 새롭게 세워야 할 시간이라는 뜻이다.

하나님이 이끄시는 승리의 모습은 우리가 당연하다고 생각하는 것과는 다르다. 사람들은 흔히 싸움에서 유리한 위치에 서고 남보다 위에 자리잡아야 이긴다고 간주한다. 내가 원하는 것을 쟁취해야 하고, 바라는 것을 이루었을 때 "이겼다"고 표현하기 때문이다. 하지만 예수님이 보여주신 승리는 자신을 내어 주신 승리, 즉 모든 것에 유리한 위치에 설 수 있었고 원하는 것을 쟁취하실 능력이 있었지만 그것을 선택하지 않고, 그것을 결코 승리라고 말씀하시지 않았다는 것이다.

마태복음 5:39-45

39. 나는 너희에게 이르노니 악한 자를 대적하지 말라 누구든지 네 오른편 뺨을 치거든 왼편도 돌려 대며

40. 또 너를 고발하여 속옷을 가지고자 하는 자에게 겉옷까지도 가지게 하며

41. 또 누구든지 너로 억지로 오 리를 가게 하거든 그 사람과 십 리를 동행하고

42. 네게 구하는 자에게 주며 네게 꾸고자 하는 자에게 거절하지 말라
43. 또 네 이웃을 사랑하고 네 원수를 미워하라 하였다는 것을 너희
    가 들었으나
44. 나는 너희에게 이르노니 너희 원수를 사랑하며 너희를 박해하는
    자를 위하여 기도하라
45. 이같이 한즉 하늘에 계신 너희 아버지의 아들이 되리니 이는 하
    나님이 그 해를 악인과 선인에게 비추시며 비를 의로운 자와 불
    의한 자에게 내려 주심이라

　원수가 오른뺨을 치거든 왼뺨도 내주라고 하신다. 가기 싫은 길
을 억지로 가게 하여도 함께 동행해주라고 한다. 세상이 말하는 강
한 모습은 하나도 없고, 연약하고 자기 주장이 없어 보이는 말씀이
다. 그렇다고 해서 예수님이 능력과 힘이 없어서 저런 말씀을 하신
것이 아니다. 오히려 힘이 있으니 용서할 수 있고, 포용할 수 있고,
자비를 베풀 수 있고, 여전히 힘이 있으니 자신을 잠시 내버려두실
수 있다는 사실이다.
　우리는 자신의 능력 안에서의 승리의 기준을 세우고 나의 생각
의 범주 내에서의 승리의 모습을 그릴 때가 많다. 하지만 하나님은
우리가 그려내는 생각 너머에 계시다. 내가 겪는 암이라는 질병도
마찬가지다. 질병이 이 시간 나를 넘어뜨린 듯하지만 나는 패배하
지 않았다. 왜냐하면 승리를 위해 하나님이 여전히 나와 함께하시
고 난 하나님을 끝까지 붙잡고 있으며 나를 살리실 하나님이 계심

암을 치유하는 앎

을 고통 가운데 알아가고 있기 때문이다.

그렇다. 하나님을 믿는 성도의 패배는 내가 쓰러진 순간이 결코 아니다. 패배의 순간은 하나님이 내 삶에서 사라졌을 때, 내가 하나님을 손 놓아버렸을 때다. 내 몸이 쓰러졌다고 패배자가 된 것이 아니다. 왜냐하면, 다시 일으켜 주실 하나님이 여전히 우리와 함께 계시기 때문이다. 그래서 우린 여전히 기회가 있다. 하나님이 함께 하시니까. 그리고 내가 그 믿음을 붙잡고 있으니까. 이제는 나를 죽이려 하는 암이라는 존재를 통해 하나님을 새롭게 바라보며 알게 하는 믿음의 소망이 더욱 커지게 된다.

하나님의 살아 계심을 믿는가? 하나님이 살려 주실 분이심을 이제 알겠는가? 그렇다면 여러분은 승리를 바라볼 수 있는 특별한 기회가 주어졌다는 사실을 깨닫기 바란다. 하나님을 깊이 알아갈수록 우리는 다시 살아날 수 있다. 하나님은 치유하고 살리실 능력을 가지고 계시기 때문이다. 난 여전히 암과 사투를 벌이고 있고 기대하지 않은 힘듦과 두려움, 아픔과 고통이 있을지라도 날마다 살려 주실 하나님을 더욱 알아가며 앞으로도 질병의 고통을 이겨내며 승리할 것을 기대하며 살아간다. 왜냐하면 어떤 결과로든 하나님은 나를 이기게 해 주실 것을 믿기 때문이다. 그것이 아픔이든, 슬픔이든, 기쁨이든, 나약한 모습이든, 어떤 모습이든 간에 하나님이 내 안에 계시면 우린 승리의 깃발을 여전히 붙잡고 있는 삶이 되는 것이다.

예수 그리스도가 승리자 되심으로 성도는 여호와 닛시의 승리의 깃발을 이제 믿음의 삶에 세우게 되었다. 그리고 여호와 닛시의 백성은 승리의 깃발을 바라보며 믿음으로 이기는 승리의 삶을 살아가는 것이다. 많은 삶의 환경들이 우리를 넘어뜨리며 다가온다. 승리보다는 패배를 먼저 바라보도록 만들고, 패배자가 되지 않기 위한 압박과 두려움이 나를 짓누를지라도 우리 그 때 여호와의 깃발을 바라보며 깃발을 휘두르자!

지금 경험하는 시간은 결코 패배가 아니다. 다만 하나님이 만나게 하실 더 큰 승리를 위한 워밍업에 불과하다. 패배라고 인식시키는 패배의 가림막을 벗겨내고 그 뒤에 숨겨진 하나님의 승리의 계획하심을 바라볼 수 있기를 소망한다.

깃발은 높이 올려지고 휘날려야 한다. 지금 깃발을 들어올려라. 그리고 깃발이 휘날리도록 세상이 바라볼 수 있도록 힘차게 휘두르자. 하나님의 승리를 세상에 드러내자.

결국 하나님이 하신다.

암을 치유하는 앎

목차

1장

/

어떻게 살 수 있을까?

-하나님이 살린다-

민감함

몸이 아프기 전에는 내 몸의 환경에 대하여 둔감한 생활을 해왔다. 먹기 좋은 것이 좋은 것이고 내 입에 맞는 것이 내게 유익하고 기쁨인 것으로 알고 살았다. 이런 기쁨 속에서 내게 경고를 보내는 작은 자극에는 귀 기울이고 촉수를 세우지 못했다.

그동안 내 몸은 얼마나 괴로워하며 깨달으라고 내게 얼마나 많은 신호를 보냈을까? 하지만 나는 그것을 알지 못했다! 아니 알면서도 현재의 기쁨과 불안을 회피하기 위해 내 안의 깊은 곳으로 자꾸 묻어두려 했을지도 모른다. 알고 싶지 않기에, 그리고 일부러 불편한 것들을 꺼내 놓고 싶지 않았기 때문에 말이다.

우리의 신앙 가운데서도 하나님이 우리에게 자극과 신호를 보내고 계셨고, 지금도 여전히 보내고 계실지도 모른다.

'깨어나라고! 위험해져! 더 이상은 안 돼! 좀 알아차릴 수 없겠니?'

하지만 우리는 여전히 둔감하여 하나님이 두드리시는 진동과 소리를 듣지 못하거나, 듣고 느끼고도 무심히 외면해버릴 때가 많다는 사실이다. 혹은 하나님의 부르심에 응답하는 순간 현재 자신이 누리는 기쁨과 자유를 내려놓아야 할지도 모른다는 두려움과 불편함 때문에 자신의 깊은 곳에 묻어두려 할 수도 있다.

> "볼지어다 내가 문 밖에 서서 두드리노니 누구든지 내 음성을 듣고
> 문을 열면 내가 그에게로 들어가 그와 더불어 먹고 그는 나와 더불어
> 먹으리라" (요한계시록 3:20)

하나님은 여전히 똑똑똑 두드리시는데… 우리에게 알려주고자 다가오시고 그들의 심령을 깨우고자 하시는데… 그렇다면 어떻게 깨어날 것인가? 어떻게 해야 하나님의 그 두드리시는 소리를 알아차릴 수 있을까?

병을 깨닫고 난 후 나는 내 몸의 작은 신호와 변화에도 민감해지기 시작했다.

'왜 아랫배가 묵직하지? 목은 왜 아플까?'

'오늘은 식사를 하고 나서 소화는 잘 될까? 물은 얼마나 마셔야 할까?'

'내 몸무게는? 변의 색깔과 냄새는?'

하나님께 나의 촉수가 민감하게 향하길 바란다. 하나님의 작은 음성에 귀 기울이고, 하나님께서 일하고 계심에 관심을 가지고 신앙 생활을 해야 하는 것이다.

하나님은 우리의 환경 가운데 지금도 일하고 계신다. 우리의 작은 신음소리에도 귀 기울이시고 작은 읊조림까지도 외면하지 않고

들고 계신다. 그러므로 하나님께 민감한 생활을 할 때 하나님의 일 하심과 만져 주심을 만나게 될 것이다. 내게 다가오는 지극히 작은 두드림에 민첩하게 반응해야 한다. 그냥 외면하고 무시하고 지나치지 마라. 반응하라. 지금이 그 때다.

삶의 작은 변화와 어려움을 만날 때 해야 할 일은
하나님을 붙잡고 바라보는
민감함에 집중하는 것임을 알기를 바라며….

구덩이

몸의 이상을 느끼고 대학병원으로 옮겨 검사를 하도록 권고를 받았다. 점차 내 머릿속을 차지하는 생각들은 깊은 동굴 속에 있는 듯한 고요함과 적막의 어둠으로 들어가고 있었다. 입원 후 하루하루 진단을 받는 과정과 결과를 기다리는 가운데 내 생각은 여전히 깊은 동굴 속에서 빠져나오지 못하고 있었다. 대장내시경, Xray, CT scan 등 여러가지 검사를 하고 난 후 의사와의 면담이 있었고 믿을 수 없는 선고가 내려졌다.

"대장암입니다."

내시경 사진을 통해 보니 암덩어리들이 나의 대장을 꽉 막고 있었고 도저히 내 몸이라고 믿을 수 없을 정도로 망가져 있었다. 순간의 정적이 나를 감싸고 숨을 쉴 수 없을 정도로 앞이 캄캄하기만 했다.

'내가 대장암이라니…… 그것도 대장암 4기?'

난 더 깊은 나락으로 빠져들고 하염없는 눈물만 흐르게 되었다.

'이제 난 어떡하지?'

성경 속의 스토리를 보면 구덩이 속에 던져진 이야기들이 나온다.

암을 치유하는 앎

"그들이 예레미야를 끌어다가 감옥 뜰에 있는 왕의 아들 말기야의 구덩이에 던져 넣을 때에 예레미야를 줄로 달아 내렸는데 그 구덩이에는 물이 없고 진창뿐이므로 예레미야가 진창 속에 빠졌더라" (예레미야 38:6)

"자, 그를 죽여 한 구덩이에 던지고 우리가 말하기를 악한 짐승이 그를 잡아먹었다 하자 그의 꿈이 어떻게 되는지를 우리가 볼 것이니라 하는지라. 르우벤이 듣고 요셉을 그들의 손에서 구원하려 하여 이르되 우리가 그의 생명은 해치지 말자. 르우벤이 또 그들에게 이르되 피를 흘리지 말라 그를 광야 그 구덩이에 던지고 손을 그에게 대지 말라 하니 이는 그가 요셉을 그들의 손에서 구출하여 그의 아버지에게로 돌려보내려 함이었더라. 요셉이 형들에게 이르매 그의 형들이 요셉의 옷 곧 그가 입은 채색옷을 벗기고 그를 잡아 구덩이에 던지니 그 구덩이는 빈 것이라 그 속에 물이 없었더라" (창세기 37:20-24)

"이에 왕이 명령하매 다니엘을 끌어다가 사자 굴에 던져 넣는지라 왕이 다니엘에게 이르되 네가 항상 섬기는 너의 하나님이 너를 구원하시리라 하니라 이에 돌을 굴려다가 굴 어귀를 막으매 왕이 그의 도장과 귀족들의 도장으로 봉하였으니 이는 다니엘에 대한 조치를 고치지 못하게 하려 함이었더라" (다니엘 6:16-17)

첫 번째는 예레미야가 하나님의 말씀을 선포하자 그 말씀을 듣지 않는 자들에 의해 구덩이에 던져지는 상황이고, 두 번째는 아버지의 사랑을 독차지하던 요셉을 시기하던 형제들이 그를 구덩이에 던진 사건이고, 마지막 세 번째는 우상에게 절하지 않고 하나님을 믿는 신앙을 지킨 다니엘을 사자굴 속에 던진 사건이다. 죽음의 구덩이 속에 던져진 이들의 운명은 모두 어떻게 되었을까? 세 이야기 모두 결국은 구덩이에서 빠져나왔다. 과연 그들은 어떻게 빠져나올 수 있었을까?

하나님은 구덩이 안의 우리들을 위해 밧줄을 던져 주신다. 다급하시면 그의 권능의 오른손을 직접 구덩이 속의 나에게 뻗어 주시기도 한다. 깊은 동굴 속에 갇힌 듯하지만 그 속에서도 빠져나갈 한 줄기 빛과 길을 만드시는 하나님이시기 때문이다. 구덩이에 빠졌던 이들은 모두 살아나 이전보다 더 강한 하나님에 대한 신념과 확신으로 남은 생애를 살았다. 혹시 깊은 구덩이에 갇힌 듯한 상황 가운데 있는가? 깊은 구덩이의 나락에서 빠져 헤어나올 수 없는 듯한가? 밧줄을 던져 주실 여호와 하나님께 구하자. 그리고 밧줄을 붙잡고 힘을 다하여 구덩이에서 헤어나올 힘을 또한 구하기 바란다.

앞으로 어떻게 할 것인가는
구덩이 속에서는 바라보이지 않는다.
길이 없기 때문이다.
오직 하나님의 밧줄을 먼저 구하고 붙들라.
구덩이에서 빠져나올 수 있다!

받아들임

　암선고를 받은 후 조직검사 이전까지의 결과를 토대로 대장암 4 기라는 판정을 받았다. 암병동에서 4일 동안 지내면서 점차 내 모습과 마음은 암환자로 바뀌어 가고 있었다.

　'인정하고 받아들이는 것이 힘들어요. 지금 인정하면 난 그럼 진짜 암환자가 되는 거잖아요.' 원망은 없다. 하지만 현실을 인정하는 것이 너무나도 버겁다. 이 순간을 함께 하고 있는 아내는 옆에서 말한다.

　"나 꿈꾸고 있는 거지?"

　나는 대답한다. "응, 꿈이야 아주 나쁜 꿈."

　제발 꿈이길… 하지만 사실이다.

　대장암 4기 다발성 간 전이 환자라는 것을 받아들이기 시작하면서 점차 내 몸은 무겁고 발걸음이 달라지고 있다. 엉거주춤한 자세로 거울 앞에 서 있는 내 모습을 보게 된다. 링거를 몸에 꽂고 링거 폴을 잡으며 서서히 병실 복도를 거닌다. 병원에 들어오는 첫날은 머리도 셋팅하고 나름 깔끔하고 가벼운 모습이었다. 간단히 검사만 받고 나가려고 했는데… 지금 머리는 부시시하고, 수염은 자라고, 엉거주춤한 자세로 멍하니 서 있는 거울에 비친 내게 스스로 명령을 해본다.

'허리 펴! 똑바로 일어서!'

'그런데 안 돼요! 난 이제 암환자란 말이에요. 주사바늘 꽂아 놔서 힘들고 다 조심해야 한단 말이에요.'

문득 또 다른 생각이 난다. '이것을 사진으로 남겨놓을까?', '지금이 아마도 다음보다는 좋은 모습이 아닐까?', '아! 항암치료 하면 머리도 빠지고 피부도 나빠지고 몸도 마른다는데, 이번에 퇴원하면 좀 괜찮을 때 가족사진을 함께 찍어 놓을까?' 여러가지 생각이 내 머릿속에 맴돈다.

우리는 무언가 낯선 환경을 받아들이기 힘들어한다. 아니 내가 받아들이기 힘든 환경 가운데 있다는 것을 쉽게 인정하고 싶어하지 않는다. 하지만 새로운 시작은 모두 인정하는 것에서부터 시작한다. 성경을 보면 시몬 베드로는 예수님을 따라다니면서도 예수를 그리스도 Christ 라 고백하지 않았다. 그가 제자로 선택된 것은 예수님이 하신 것이지만 예수를 그리스도라고 선포하고 인정하는 것은 베드로의 몫이었다. 예수님은 베드로를 데리고 함께 지내고 생활하시면서 많은 기적과 능력, 일하심을 보여주셨다. 어느 날 예수님께서 제자들을 불러 모으시고 물으신다. "너희는 나를 누구라 하느냐?" 이에 베드로가 대답한다. "주는 그리스도시요 살아 계신 하나님의 아들이십니다."

마태복음 16:15-19

15. 이르시되 너희는 나를 누구라 하느냐

16. 시몬 베드로가 대답하여 이르되 주는 그리스도시요 살아 계신 하나님의 아들이시니이다

17. 예수께서 대답하여 이르시되 바요나 시몬아 네가 복이 있도다 이를 네게 알게 한 이는 혈육이 아니요 하늘에 계신 내 아버지시니라

18. 또 내가 네게 이르노니 너는 베드로라 내가 이 반석 위에 내 교회를 세우리니 음부의 권세가 이기지 못하리라

19. 내가 천국 열쇠를 네게 주리니 네가 땅에서 무엇이든지 매면 하늘에서도 매일 것이요 네가 땅에서 무엇이든지 풀면 하늘에서도 풀리리라 하시고

베드로가 예수님을 '구원자요 하나님의 아들이시다'라고 선포하며 인정하는 장면이다. 그러자 예수님도 그 순간 그를 다시 인정해 주시며 축복 Blessing 을 해 주신다. 베드로는 예수님이 십자가에 끌려가셨을 때 비록 인간의 연약함에 그리스도의 제자됨을 부인하였지만, 결국 생의 마지막까지 예수 그리스도를 위해 순교하는 삶을 살았다. 하나님을 인정하면서부터 담대한 그리스도의 사도로 살 수 있었던 것이다.

많은 고심과 슬픔 끝에
암환자라는 것을 인정하고 암환자의 기준에서
몸의 모든 상태와 기능을 살피게 되었다.
인정했으니까 인정한 기준대로 다시 시작하자.

아직 끝나지 않은 진단

대장암 4기 간 전이 진단이 끝이 아니었다. 이제 몸의 구석구석까지 암세포가 퍼져 있는지를 살피는 암세포전이검사 PET CT 가 남아 있던 것이다.

'아니 이게 끝이 아니라구요?' 내 마음이 다시 요동을 치며 불안감에 휩싸인다.

'아니 인정했잖아요 대장암 4기에 간 전이 환자라고. 어떻게 더 다른 것을 받아들이고 인정하라는 것입니까?' 마음이 너무 힘들다. 또 눈물이 흘렀다.

슬프고 두려울 땐 마음껏 울어보라!
하나님을 향해!

암을 치유하는 앎

정말인가요?

암전이 정밀검사 PET CT 를 진행한 이틀간 두려움과 초조함 속에서 지냈다. 몸에 기운이 없다. 나에게는 또 초점이 흐려지는 순간이 다가왔다. '어떡하지?' 여러 생각에 사로잡혀 대장암 4기 간 전이와 비슷한 케이스들을 인터넷과 유튜브로 살펴본다.

'헉! 좋은 이야기, 희망을 주는 이야기는 하나도 없잖아.'

그 가운데 어느 블로거가 자세하게 기록해 놓은 대장암 4기 환자의 일상을 보게 되었다. 환자는 나보다도 젊은 남자인데 대장암 3기 수술 후 다발성 전이가 되어 항암치료를 꾸준히 받고 있던 환자였다. 잘 이겨내고 힘내는 모습이 내게 자그마한 희망과 용기를 준다. 난 걱정하고 있는 아내에게 힘을 주기 위해 이 블로그 링크를 보내주었다.

'이 블로그 한번 봐봐. 참 자세히 잘 보여줬네. 우리도 이렇게 이겨낼 수 있어.' 작은 희망을 가져보았다.

그런데 아차! 블로그를 읽다가 잘못 눌러 결말을 보게 되었다. 결론은?

그분은 암 전이가 심해져서 천국으로 가셨다고 했다. 난 보자마자 통곡하듯 가슴을 쥐어짜며 울었다.

'잘 살아있어 주기를 바랐는데, 이렇게 열심히 이쁘게 살려고 노력하는 사람이라 잘 살아있을 거라 믿었는데…' 아내에게 연락을 했다.

"내가 보내준 것 읽었어?"

"응, 읽었는데 참 잘 썼더라."

난 걱정하며 대답한다. "그래? 그런데 이제 그만 읽지 말아줘."

하나님은 사람을 통해 많은 일을 하신다. 하지만 하나님은 사람을 바라보는 것이 아닌 오직 하나님만 바라보기 원하는 거룩한 목적을 가지고 계신다는 것이다. '오직 주만 바라볼지라'라는 찬양처럼 말이다. 성경에는 출애굽 백성들의 죄악으로 인해 하나님의 심판이 이르자 땅에 놋뱀을 세우고 그것을 바라보는 자는 살 수 있게 해 주셨다는 말씀이 있다. 하나님은 우리의 마음이 온전히 하나님께 향하길 원하셨던 것이다.

죄 많은 세상에서 보여지는 것은 죄 많은 사람들과 현상들이다. 그리고 인간은 그것에 익숙하다. 보이지 않는 하나님보다 눈에 보여지는 사람과 현실에 더 의지하고 신뢰하는 일들이 더 많지 않은가? 나 역시 사람이 하는 일에서 희망을 찾으려 했었다. 블로그를 통해 사람이 하는 일의 관점에서 글을 읽고 희망을 가졌던 것이다. 기도할 때마다 '하나님은 살아 계신다'고 수시로 고백했으면서도 결국은 내 눈으로 잘 이겨낸 사람을 보기 위해 거기에 힘을 쏟아부었던 나의 연약한 믿음을 보게 되었다.

난 초등학교 2학년부터 중학교 3학년 여름까지 왼쪽 언어중추 쪽에 뇌종양을 겪은 고통이 있었다. 하지만 하나님께서는 그때도 온 가족이 함께 중보로 기도하고 금식하며 하나님만 바라봄을 통해 뇌종양이 사라지는 기적을 경험하게 해 주셨다. 할렐루야! 그런데 그런 하나님을 네가 잊어버리고 사람의 이야기에 의존한다고? 이제 인터넷으로 대장암 4기에 관해 찾지 않으려 한다. 왜냐하면 하나님보다 사람의 이야기에 기대게 되기 때문이다. 사람에게 기대지 않으려하니 점차 내 마음은 하나님께로 더 기대고 의지하게 된다.

저녁에 기다리고 기다린 주치의가 찾아왔다.

"이번 주부터 항암치료 합시다. 결정 다 내렸어요."

난 먼저 듣고 싶은 대답이 있는데……. "PET CT 결과는 어떤가요?"

주치의가 말해 준다. "다른 전이는 없어 보여요. 항암부터 빨리 시작합시다!"

"정말이요?"

눈물이 또 흐른다. 기쁨의 눈물, 안도의 눈물 그리고 감사의 눈물이 나를 적신다.

가족들에게 전화를 했다. 모두 함께 기쁨의 눈물을 흘려준다. 그동안 계속 안 좋은 결과와 소식만 있었는데 오늘은 기쁜 소식을 전할 수 있어서 너무 감사하지 않은가.

하나님은 하나님의 하나님 되심을 인정하는 우리의
모습을 좋아하신다. 하나님이 하시면 된다.
왜?
하나님 되시니까… 능력 있으시니까…….
너무 사람만 바라보지 말자. 시력 나빠져!

승리를 바라보라

암환자들은 두 가지 생각에 자주 사로잡힌다고 한다. 항암치료를 계속 할 것인가? 아니면 이토록 길고 힘든 싸움을 중단할 것인가?

새벽에 엑스레이를 찍기 위해 의자에 앉아 기다리는 중 앞좌석에 앉은 중년 남자 둘의 이야기에 귀가 솔깃하다.

"에휴, 이 짓거리를 계속해야 하는가 싶어요. 내가 암 3기인데 힘들기만 하고 낫지도 않고. 사는 게 사는 것 같지가 않아요."

옆에 조금 젊은 남자는 말한다. "해 봐야죠. 좀 더 참고 해내야죠."

한 사람은 포기를 바라보고 있고, 또 다른 사람은 승리를 바라보기 위해 애를 쓰는 모습이었다. 순간 나는 생각했다.

'뭐? 암 3기인데도 저러면 나는 암 4기인데…… 난 3기만 되어도 좋겠다. 여기서도 급수를 따져서 패배감을 느껴야 하는가?'

'나는 이 순간 어떤 생각을 해야 하는가?'

하지만, 하나님에게는 급수가 없다. 하나님이 정하시는 순서는 하나님께 달려 있기 때문이다.

"보라 나중 된 자로서 먼저 될 자도 있고 먼저 된 자로서 나중 될 자도 있느니라 하시더라" (누가복음 13:30)

하나님께서는 하나님의 천국잔치에 들어갈 순서를 정하셨다. 바로 하나님이 정해주시는 순서대로 인 것이다. 내가 앞서 간다고 자만하지 말고, 내가 뒤처진다고 주눅들지 마라. 승리를 주시는 것은 바로 여호와 하나님의 주권에 달려 있기 때문이다.

하나님께서는 우리 모두에게 승리를 바라볼 것을 말씀하신다. 그래서 우리는 모두 승리할 것을 바라볼 수 있는 기회가 주어졌다. 지금은 미약할지라도 하나님 주실 승리를 바라보고 붙잡는다면 승리할 수 있다. 아무리 강하다고 해도 패배할 두려움에 사로잡히면 패배자의 자리로 갈 수밖에 없을 것이다. 세상의 모든 나약한 사람들아. 좌절하지 말고 실패를 먼저 바라보지 마라.

우리가 바라볼 것은? 승리의 하나님이다.
하나님이 예비하신 승리가 있기 때문이다.
난 오늘도 승리하였다!

암을 치유하는 앎

함께함

가족이 많다는 것은 하나님이 주신 복 중에서도 큰 복이다. 아브람 _{하나님은 나중에 '아브람'을 '아브라함'이라는 이름으로 바꿔 주신다} 에게 나타나신 하나님께서도 그에게 먼저 자손의 복을 주셨다.

> "여호와께서 아브람에게 이르시되 너는 너의 고향과 친척과 아버지의 집을 떠나 내가 네게 보여줄 땅으로 가라 내가 너로 큰 민족을 이루고 네게 복을 주어 네 이름을 창대하게 하리니 너는 복이 될지라"
> (창세기 12:1-2)

하나님은 내게 결혼을 통해 많은 가족을 주셨다. 우리 집은 원래 식구가 적어서 외로움이 많다. 모여도 몇 명 안 된다. 반면에 아내의 가족은 수도 많고 모이기도 잘한다. 그래서 잘 모이고 똘똘 뭉쳐 함께하는 아내의 가족은 내게 낯설고 처음이다. 매달 있는 생일잔치마다 나가서 외식도 하려면 음식값만 해도 '덜덜덜'이다. 그래도 가족들은 어떻게든 모여서 함께하려고 힘쓴다.

암선고를 받고 가족들에게 알리기 시작했다. 늘 웃고 즐거웠던 가족들이 눈물바다가 되었다. 가족들에게서 전화가 자꾸 온다.

'아이구, 아직 하지 마요. 나 그 전화 받으면 울음이 또 터질 거

야.'

그런데 안 받을 수 없다. 아파하는 가족에게 목소리라도 들려주어 서로 위로하고 싶으니까. 가족은 모든 것에 함께하기 때문이다. 기쁨도 슬픔도 아픔도 말이다. 모든 것에 가족이 함께하니 힘이 생긴다. 그래서 가족이 함께한다는 것은 하나님께서 주신 큰 복 중의 복이다.

하나님은 우리를 함께 살도록 만드셨다. 그것의 가장 아름다운 모델을 교회라는 모습으로 살아가게 하셨다. 교회는 헬라어로 에클레시아 ecclesia 라는 단어를 사용하며 '하나님의 부르심을 입은 회중의 모임'이라는 뜻을 가지고 있다. 부르심을 입은 자녀들이 서로 마음을 나누고 힘을 합하여 주안에서 형제와 자매로 가족을 이룬 모습이 교회다.

'그럼 난 가족이 몇 명이야? 수백, 수천 명이네. 기뻐해야 하는가 기뻐하지 않아야 하는가?' 그런데 감흥이 없네? 왜 그럴까? 우린 한 교회에 있으면서도 진정한 가족의 마음을 온전히 나누지 못한 과실이 있기 때문이다. 그래서 하나님은 이 마음을 키워 주시기 위해 성경에도 말씀을 주신다.

"형제가 연합하여 동거함이 어찌 그리 선하고 아름다운고" (시편 133:1)

암을 치유하는 앎

우리 교회의 동거함이 선하고 아름다운 모습인가? 교회라는 공동체 안에 연합의 모습이 있는가? 혹시 교회라는 공동체 안에 속해 있지만 하나되지 못하고 있는 모습은 아닐까? 선하고 아름다운 모습보다는 악하고 불쾌한 모습을 숨기며 지내고 있는 것은 아닐까 여러가지로 생각을 해보게 된다.

하나님은 성도 된 우리에게 연합 unity 된 모습을 보기 원하신다. 먼저 하나님과 하나되는 모습을 보기 원하시고 성도가 하나된 교회의 모습을 보기 원하시기 때문이다. 그래서 하나님께서는 요한복음 15장에서 형제의 연합과 동거함을 포도나무와 가지의 비유로 말씀하셨다.

> "나는 참포도나무요 내 아버지는 농부라 무릇 내게 붙어 있어 열매를 맺지 아니하는 가지는 아버지께서 그것을 제거해 버리시고 무릇 열매를 맺는 가지는 더 열매를 맺게 하려 하여 그것을 깨끗하게 하시느니라... 나는 포도나무요 너희는 가지라 그가 내 안에, 내가 그 안에 거하면 많은 사람이 열매를 많이 맺나니 나를 떠나서는 너희가 아무것도 할 수 없음이라" (요한복음 15:1-5)

하나님 아버지는 우리가 그와 함께 하길 원하고 계신다. 그리고 그 연합의 동거함은 나뿐만 아니라 다른 사람까지도 선하고 복된 열매를 맺게 하는 은혜를 베풀어 주신다. 지금 여러분의 주위를 살펴보라. 주님 안에 거함으로 은혜로 묶여진 연합의 선하고 아름다운 모습이 있는가? 주님 원하시는 아름다운 열매들이 맺어지고 있는가? 하나된 교회의 모습을 회복함으로 하나님 맺어 주시고 연결시켜 주신 가족의 모습을 재발견하기 바란다. 우리 이 모습을 반드시 되찾자.

서로를 믿음과 사랑, 정성으로 돌보고 위로하는
가족의 모습이 넘쳐나는 은혜로 채워지기를….

암을 치유하는 앎

걱정은 붙들어 매라

걱정은 늪과도 같다. 점점 빠져들도록 만들고 늪에서 나올 수 없도록 만들기 때문이다.

환자들이 겪는 많은 걱정 중의 하나가 재정적인 부담일 것이다. 난 미국에서 지내다 와서 실비보험을 들어 놓을 여유도 없었다.

'이럴 줄 알았다면 미리 보험을 준비해 놓을 것을.'

아쉬움과 걱정이 크다. 그런데 하나님이 걱정말라 하신다. 돕는 손들을 붙여 주실 테니까. 아내가 내게 다가와 이런 말을 한다.

"하나님이 우리 보험이야."

'와우! 당신 그렇게 멋진 여자였어?'

맞아! 하나님이 보험 되주시면 난 무제한 혜택을 받을 수 있다. 무한하신 하나님이신데 내게 무한대로 책임져 주실 것 아닌가? 걱정이 사라졌다.

히브리서 4:14-16 말씀이다.

14. 그러므로 우리에게 큰 대제사장이 계시니 승천하신 이 곧 하나님의 아들 예수시라 우리가 믿는 도리를 굳게 잡을지어다

15. 우리에게 있는 대제사장은 우리의 연약함을 동정하지 못하실 이가 아니요 모든 일에 우리와 똑같이 시험을 받으신 이로되 죄는 없으시니라
16. 그러므로 우리는 긍휼하심을 받고 때를 따라 돕는 은혜를 얻기 위하여 은혜의 보좌 앞에 담대히 나아갈 것이니라

우리의 연약함을 동정하신다고 한다. 즉, 우리의 상황과 형편에 공감 sympathy with 하신다는 뜻이다. 그래서 하나님은 때를 따라 in our time of needs 우리가 필요할 때에 도우시는 은혜를 베푸시겠다고 하셨다. 그러니 하나님께 어찌 구하지 않을 수 있겠는가?

마태복음 7:7-11

7. 구하라 그리하면 너희에게 주실 것이요 찾으라 그리하면 찾아낼 것이요 문을 두드리라 그리하면 너희에게 열릴 것이니
8. 구하는 이마다 받을 것이요 찾는 이는 찾아낼 것이요 두드리는 이에게는 열릴 것이니라
9. 너희 중에 누가 아들이 떡을 달라 하는데 돌을 주며
10. 생선을 달라 하는데 뱀을 줄 사람이 있겠느냐
11. 너희가 악한 자라도 좋은 것으로 자식에게 줄 줄 알거든 하물며 하늘에 계신 너희 아버지께서 구하는 자에게 좋은 것으로 주시지 않겠느냐

구하면 좋은 것으로 주신다고 한다 물론 하나님 보시기에 좋은 것임을 잊지 말라. 구할 텐가 구하지 않을 텐가?

필요한가?
하나님께 나아가 믿음으로 구하라.
하나님이 일하실 것이다.
하나님의 채워 주심이 그를 찾는 모든 이들에게
가득하기를….

동병상련

동병상련이라고 했던가? 아픈 사람만이 아픈 사람의 마음을 알수 있다. 사역을 하다 보면 아픈 환우들의 소식을 듣게 된다. 환우들을 위해 기도요청을 받고 함께 기도하자고 한다.

"목사님 기도해주세요."

"네 기도하겠습니다. 반드시 나으실 것입니다."

그런데 사실 우리가 그들을 위해 드렸던 기도는 어떠했는가 되짚어 보게 하였다. 혹시 인사치레뿐인 대답은 아니었는지, 아니면 기도하겠다고 말해 놓고 기도에 소홀했던 모습은 아니었는지.

우리의 기도의 자세는 어떠했을까? 나는 그들의 형편처럼 하나님 앞에 깊은 간구의 기도를 드렸었을까? 부끄럽지만 그러지 않았다. 지난 날의 나의 기도를 되돌아보면, 예배 도중에 생각나서 그제야 그들을 위해 기도를 하거나, 기도할 생각조차 나지 않을 때도 많았다.

암환자들은 많은 불안 가운데 힘겨운 싸움을 하게 된다. 오랜 기간 고통 가운데 머물고 암뿐만 아니라 자신과의 처절한 싸움을 하게 되고 시간이 길어질수록 고통과 두려움이 몸과 마음을 갉아먹게 되면 조그마한 희망이라도 붙잡고 싶은 간절함에 처할 수밖에 없게 된다. 그래서 기도를 요청하게 된다. 마치 누가복음에 나오는

암을 치유하는 앎

혈루병 여인이 '주의 옷자락이라도 만지면 나을 것이다'라는 기도의 능력을 믿는 간절한 믿음처럼 말이다.

> "이에 열두 해를 혈루증으로 앓는 중에 아무에게도 고침을 받지 못하던 여자가 예수의 뒤로 와서 그의 옷 가에 손을 대니 혈루증이 즉시 그쳤더라. 예수께서 이르시되 내게 손을 댄 자가 누구냐 하시니 다 아니라 할 때에 베드로가 이르되 주여 무리가 밀려들어 미나이다. 예수께서 이르시되 내게 손을 댄 자가 있도다 이는 내게 능력이 나간 줄 앎이로다 하신대 여자가 스스로 숨기지 못할 줄 알고 떨며 나아와 엎드리어 그 손 댄 이유와 곧 나은 것을 모든 사람 앞에서 말하니 예수께서 이르시되 딸아 네 믿음이 너를 구원하였으니 평안히 가라 하시더라" (누가복음 8:43-48)

과연 우리는 얼마나 연약한 자들의 아픈 고통을 이해하고 함께 해주었나 생각해본다. 아픔을 경험하니 아픈 사람의 간절함을 조금이나마 동감하게 된다. 이전과는 전혀 다른 동감이다. 이제는 아픔의 시간을 통해 하나님께서는 다른 사람의 고통을 나누지 못했던 내게 회개하는 마음을 주셨다. 질병 가운데 있는, 고통 중에 있는 환우들의 마음에 공감하지 못했고 형식적 기도에 머물렀던 불성실한 나의 모습을 보게 하신 것이다.

주변에 아픈 환우들의 기도의 요청이 있는가? 단순히 "기도할게요"에 머무르지 말라. 더 깊이 들어가라. 예수님께서 우리의 고통을 몸소 겪으셨던 것처럼 말이다. 이를 히브리서에서는 이같이 말씀한다.

"그러므로 우리에게 큰 대제사장이 계시니 승천하신 이 곧 하나님의 아들 예수시라 우리가 믿는 도리를 굳게 잡을지어다 우리에게 있는 대제사장은 우리의 연약함을 동정하지 못하실 이가 아니요 모든 일에 우리와 똑같이 시험을 받으신 이로되 죄는 없으시니라" (히브리서 4:14-15)

하나님의 아들 예수 그리스도는 이 땅에 직접 오셔서 인간의 고통을 함께 겪고 느끼셨다. 죄 없으신 이가 죄 많은 우리의 고통을 직접 느끼시기 위해 그리고 그 고통으로부터 구원하시기 위해 "모든 일에 우리와 똑같이 시험을 받으셨다"고 한다. 예수님은 우리의 모든 아픔에 공감하셨던 것이다. 그래서 예수님은 우리의 아픔에 관하여 누구보다도 잘 알고 계시고 이해하신다. 그리고 연약하고 아픈 이들의 눈물을 씻어 주시기 위한 계획이 있으시다고 한다.

"이는 보좌 가운데 계신 어린 양이 저희의 목자가 되사 생명수 샘으로 인도하시고 하나님께서 저희 눈에서 모든 눈물을 씻어 주실 것이라" (요한계시록 7:17)

내가 지금 겪고 있는 아픔은 나 혼자만의 아픔이 더 이상 아니다. 현재의 아픔과 고통을 함께 공감해 주시는 예수님이 나와 함께 계시고 나의 눈물을 씻어 주신다는 믿음이 나를 위로해 준다. 예수님께서 보여주신 공감의 마음을 우리 역시 품고 주변의 아픈 이들

암을 치유하는 앎

을 다시 되돌아보도록 하자. 그리고 하나님께 드리는 기도를 통해 그들의 눈물을 닦아 주도록 하자.

> 아픈 이의 고통이 내 마음에 찔림이 되기까지
> 기도하라. 그들의 형편과 상황을 가슴 깊이 이해할 수
> 있을 때까지… 그리고 중보기도의 간구의 능력이
> 열매 맺어 나타날 때까지…….

잠

"여호와께서 집을 세우지 아니하시면 세우는 자의 수고가 헛되며 여
호와께서 성을 지키지 아니하시면 파수꾼의 깨어 있음이 헛되도다
너희가 일찍이 일어나고 늦게 누우며 수고의 떡을 먹음이 헛되도다
그러므로 여호와께서 그의 사랑하시는 자에게는 잠을 주시는도다"
(시편 127:1-2)

참 감사한 것이 있다. 하나님께서 우리가 24시간 일하도록 하지
않으시고 잠이라는 휴식을 주신 것이다.

잠잘 때만큼은 고통을 생각하지 않을 수 있다. 잠자면 한순간이
지나간다. 우리가 잠을 잘 수 있다는 것은 하나님의 사랑 안에 거
하는 것이라고 시편 기자는 말씀한다. 하나님의 사랑은 우리를 잠
이라는 평안으로 인도해 주신다. 현재의 고통과 아픔이 아무리 감
당할 수 없이 클지라도 하나님은 '잠'이라는 은혜를 통해 우리를 감
싸주신다. 죽음을 앞둔 환자에게도 하나님이 허락하신 축복이 있
다면 영원한 하나님 품속으로 안길 수 있는 잠일 것이다. 우리는
죽음이 끝이라고 생각하지만 하나님은 잠자는 것이라 보셨다. 죽
은 나사로를 일으키실 때도 잠자는 나사로야 깨어나라 명령하시고
살리셨기 때문이다.

암을 치유하는 앎

"어떤 병자가 있으니 이는 마리아와 그 자매 마르다의 마을 베다니에 사는 나사로라 이 마리아는 향유를 주께 붓고 머리털로 주의 발을 닦던 자요 병든 나사로는 그의 오라버니더라 이에 그 누이들이 예수께 사람을 보내어 이르되 주여 보시옵소서 사랑하시는 자가 병들었나이다 하니 예수께서 들으시고 이르시되 이 병은 죽을 병이 아니라 하나님이 영광을 위함이요 하나님의 아들이 이로 말미암아 영광을 받게 하려 함이라 하시더라 예수께서 본래 마르다와 그 동생과 나사로를 사랑하시더니… 이 말씀을 하신 후에 또 이르시되 우리 친구 나사로가 잠들었도다 그러나 내가 깨우러 가노라" (요한복음 11:1-11)

　잠잘 때는 평안하다. 물론 몸 속의 고통이 잠을 못 이루게 하고 잠에서 쉽게 깨도록 하지만 잠자는 그 짧은 순간이라도 평안할 수 있다는 것이 은혜이고 복이다.

　힘든가? 고통스러운가? 잠시 잠들기를 구하라. 하나님은 우릴 사랑하시기에 잠을 주실 것이다.

하나님 오늘도 단잠을 주세요…. 기도하며 잠들라.

음식

암환자의 회복은 음식을 얼마나 잘 먹는가에 달려있다. 그만큼 항암이라는 독성물질과 싸워 이겨낼 체력이 필요하기 때문이다. 오랜 항암으로 인해 심신이 지쳐 항암을 포기하는 분들이 많은 데다 항암의 독성으로 인해 잘 먹지 못하는 시간이 길어진다. 몸을 좋게 하기 위해 사용되는 약이 동시에 몸을 망가뜨리는 아이러니가 있기 때문이다. 그렇다면 무엇을 어떻게 먹어야 면역을 키움과 동시에 토하지 않고 잘 먹을 수 있을까? 어떤 음식이 항암에 좋은 효과가 있을까?

성경에서 해답을 찾아보자.

> "믿는 자들에게는 이런 표적이 따르리니 곧 그들이 내 이름으로 귀신을 쫓아내며 새 방언을 말하며 뱀을 집어 올리며 무슨 독을 마실지라도 해를 받지 아니하며 병든 사람에게 손을 얹은즉 나으리라 하시니라" (마가복음 16:17-18)

'무슨 독을 마실지라도 해를 받지 않는다고? 내게 이런 능력만 있다면 어떤 약도 소화해내고 이겨낼 수 있을 텐데'라는 생각이 든다. 하지만 17절을 다시 읽어보라.

"믿는 자들에게 이런 표적 sign 이 따르리니"

바로 믿음이 선행조건이 되는 것이고 믿음이 일하는 것이다.

어떤 항암제를 써야 하는가에 대해 의사들은 다학적 多學的 논의한 후 그에 따라 결정하고 약을 처방한다. 항암이 먼저인가 아니면 수술이 먼저인가에 대해 논의를 마친 주치의 선생님이 내게 찾아와 말한다.

"항암을 먼저 합시다. 믿고 따라오세요. 최선을 다할게요."

어떤 약제가 나에게 사용되고, 얼마나 항암을 해야 하는지 나는 아직 모른다. 항암약이 내 몸을 얼마나 좋아지게 할지, 얼마나 나빠지게 할지도 모르고, 어디가 끝인지 알 수 없고 어떻게 가야 하는지도 모르지만 우선 주치의를 믿고 따라 가는 것이다. 오해말라. 나는 사람이 아니라 하나님을 믿고 움직이는 것이다. 하나님이 저 의사 선생님까지 나를 위해 사용하실 테니까. 사람이 주는 확신도 믿고 따라가는데, 하물며 '하나님이 하시겠다'고 하면 어찌 안 따라 갈 수 있겠는가?

그렇다! 하나님이 고쳐 주실 것이야. 하나님이 낫게 해 주실 것이야. 이런 믿음으로 음식도 잘 먹기 바란다. 먹기 힘들지만, 먹을 힘도 없겠지만 우선 먹어 두어라. 믿음에 의지하여 나를 넘어뜨리고 먹지 못하도록 만드는 체력적 한계를 이겨내라.

힘들어도 먹어라.
잘 먹고 믿음 붙잡으면
하나님의 일하심을 보게 될 것이다.

진통제

　진통제는 환자에게 있어서 큰 위로가 되는 달콤한 딸기 케이크와도 같다. 스트레스가 있을 때 사람의 입맛은 무언가 달달하거나 맵거나 맛을 느낄 것을 찾게 된다. 잠시 잊게 해주기 때문이다. 환자들에게는 고통이라는 기제들이 언제나 기다리고 있다. 어쩔 수 없이 당해야 할 고통이라면 조금만 덜 아프길 바라며 고통을 참아낸다. 환자들은 오늘도 작은 꿈을 꾸며 살 것이다.

　'조금만 덜 아프길…….'

　그렇다면 고통을 잊게 해주는 진통제는 고통 가운데 있는 환자들에게 얼마나 달콤한 케이크가 아니겠는가! 딸기 케이크 같은 하나님은 우리의 고통을 덜어 주시기 위해 언제나 지켜보고 계신다.

　'많이 아프구나. 하지만 이 아픔을 통과하면 더 건강해질 수 있어.'

　'그래도 감당할 수 있도록 내가 붙잡아 줄게', '조금만 덜 아프게', '견딜 수 있게.'

　　"사람이 감당할 시험 밖에는 너희가 당한 것이 없나니 오직 하나님은
　　미쁘사 너희가 감당하지 못할 시험 당함을 허락하지 아니하시고 시

험 당할 즈음에 또한 피할 길을 내사 너희로 능히 감당하게 하시느니라" (고린도전서 10:13)

피할 길을 주신다고 한다.
감당할 수 있게 해 주신다고 한다.
이제 알겠는가?
고통 가운데 하나님은 우리의 딸기 케이크라는 것을

암을 치유하는 앎

온열매트와 양말

몸이 차가울 수록 암이 활동하기 좋다고 한다. 그래서 암환자들은 몸을 따뜻하게 해야 한다.

어느 날 아내가 맥반석 온열매트와 양말을 가져다 주었다. 병실은 때론 춥다. 외로움과 적막함 때문에 더 춥게 느껴질 때도 있다. 양말을 신고 온열매트를 배 위에 깔고 누웠다. 몸에 온기가 오를수록 평안함을 느낀다. 사실 몸이 건강할 때는 따뜻함이 주는 평안함을 잘 누리지 못했다. 건강하니까 나 스스로 많은 운동량을 통해 온도를 높이니 몸이 항상 더웠다. 하지만 지금은 암으로 인해 몸속에 출혈이 있어 춥고 어지러움을 느낀다. 피가 모자라 혈액에서 주는 열이 충분하지 않기 때문이고 움직일 수 있는 운동량이 상당히 줄어들었기 때문이다. 아내가 가져다 준 양말과 온열매트로 인해 난 다시 따뜻함을 보충하며 하루를 살아간다.

우리도 세상 살아가면서 이런 따뜻함을 가지고 살면 좋겠다. 참 듣기 좋은 칭찬이 있다면 '따뜻한 사람이다'라는 칭찬일 것이다. 그렇다면 과연 나는 세상에 따뜻한 사람으로 살았을까? 그렇지 않은 것 같다. 난 때론 냉정하고 차가운 사람일 때가 더 많았던 것 같다. 그게 더 침착해 보이고 지적이고 일 잘하는 사람처럼 보이도

록 말이다. 아내가 가져다 준 양말과 온열매트는 내게 따뜻한 사람
으로 회복될 것을 알려주었다.

아프니까 아픈 사람의 모습이 보이고 아픔을 이해할 수 있게 된
다. 아픈 사람은 늘 춥다. 마음이 춥고 몸이 차가운 것이다. 조금
더 따뜻해지자. 따뜻함으로 다가가 하나님이 우리 몸에 생기를 불
어넣어 움직일 수 있는 생령이 된 것처럼 온기를 세상에 불어넣어
줄 수 있는 따뜻함이 되자.

따뜻함을 가진 사람이 되자.
따뜻한 마음을 가슴에 품으라.
내가 따뜻해질 때 더욱 뜨거운 사랑과 은혜를
경험하게 될 것이기 때문에.
당신 따뜻한 사람이에요…….

암을 치유하는 앎

전화

아프니까 전화가 많이 온다. 병원에 있으니 혹시나 외롭진 않을까, 아파할 것을 걱정하는 많은 사람들과 가족으로부터 계속 전화가 온다. 전화로 안부를 물으니 힘이 되고 전화를 받을 때마다 눈물이 나기도 한다. 고마움에 그리고 그리움과 미안함에 말이다. 울지 말아야 하는데 목소리를 들으면 눈물이 날 때가 많았다.

목회를 하다 보면 많은 사람을 마주하게 된다. 영적으로 힘든 사람, 몸이 아픈 사람, 마음의 상처가 있는 사람, 무덤덤한 사람, 쌀쌀한 사람, 전혀 관심없이 종교를 사는 사람 등… 그럼에도 그들에게 다가가기 위해서 그리고 하나님의 마음을 나누고 위로와 교제가 있도록 하기 위해 전화도 하고 만나면 말을 걸기도 하지만 때로는 그런 노력들이 아무 의미없이 무시당하고 지나쳐버릴 때도 참많았다. 혹시 당신에게 전화가 오는가? 관심을 주고 있는 두드림과 찾음이 있는가? 그들에게 고마움과 반가움으로 응답하기 바란다.

하나님은 우리를 먼저 사랑해 주셔서 찾아 주셨다. 하지만, 그 찾아 주심과 사랑해 주심을 외면하고 있지는 않은가? 하나님의 찾아 주심이 불편하고 하나님이 없어도 늘 관계가 풍성하고 원만한 듯한가? 자만하지 말고, 나에게 다가옴을 당연시하지 말고 그런 관계와 나눔을 주신 하나님께 더욱 감사하기 바란다. 그리고 먼저 찾아주고 전화할 수 있는 사람이 되라. 당신의 전화 한 통이 그들에게는 감사와 기쁨, 위로의 눈물로 전해지는 순간을 위해서 말이다.

먼저 찾아 주고 다가가 위로해 줘라.
찾아 줄 수 없다면 전화라도 지금 해 줘라.
당신의 전화 한 통이 한 생명을 따뜻하게
웃도록 해 줄 것이다.

암을 치유하는 앎

고여 있는 눈물

거울을 보니 눈에 눈물이 고여 있다. 밤새 자다가도 울었나 보다. '왜 이렇게 눈물을 주시지?'

미국에서 신학공부를 다시 시작할 때 하나님은 세상에 찌들어 있는 나를 눈물로 씻어 주신 경험이 있다. 집이 있는 위스콘신Wisconsin 주에서 학교가 있는 일리노이Illinois 주까지는 차로 50분 거리이다. 운전석에 앉아 시동을 걸고 찬양을 틀고 학교로 출발한다. 찬양에 내 마음과 기도가 섞이어진다. 어느새 내 입술에서는 기도가 흘러나오고 하나님은 내게 마음껏 부르짖고 울며 기도하는 씻음의 시간을 주셨다. 만약 다른 운전자가 내 모습을 보았다면 '저거 마약drug 한 거 아니야', '미쳤네'라고 생각했을 것 같다. 일 년 동안 참 많이 울었다.

한국에서 만들고 있던 커리어와 직장일을 포기하고 늦은 나이에 미국으로 와서 다시 신학을 한다는 것은 결코 쉬운 결정이 아니었다. 아쉬움, 두려움, 외로움, 낯섦, 그리움 등 많은 것들이 나를 힘들게 하고 의지를 꺾는다.

'다시 돌아갈까? 하던 일 다시 하면 쉬운데…….' 하지만 하나님은 그냥 내버려두지 않으셨다.

'그 마음도 씻어라', '먼저 너의 마음에 묻어 상처가 난 곳이 많아

아버지가 씻어 줄 테니 다시 회복하거라.' 이 마음이셨을까? 운전하는 내내 마음껏 차 안에서 찬양을 들으며 큰소리로 눈물로 기도할 수 있었다.

하나님께서 우리에게 눈물을 주시는 시간이 있다. 하지만 오해말라. 고통을 주고자 하는 것이 아니다. 씻어 주시기 위함이다. 상처가 있는 곳에 더러움이 묻어 있다면 먼저 깨끗이 닦고 소독을 하고 약을 발라야 한다. 이처럼 하나님은 빨리 회복시키기 위해 상처가 아물도록 하기 위해 씻어 주신다. 나의 눈물로 그리고 아버지의 눈물로 말이다.

눈에 눈물이 고여 있는가? 그것은 바로 씻어 주시는 시간이다. 그동안의 참아왔던 아픔을 씻어 주시고, 나를 짓눌러 짓무르게 했던 고름들을 씻어 주시고, 내 몸속의 대장이 피 흘리기까지 쌓여 있던 나쁨들을 먼저 씻어 주시는 것이다. 고쳐 주시려고.

눈물이 나면 많이 울어라.
'에고 내 팔자야'의 울음이 아니다.
주님 붙잡고 회개하며 씻어내는 울음이고
주님 붙잡아 주신 은혜에 감사하는 울음이다.
울어라. 그럼 낫는다.

암을 치유하는 앎

붙들어 주심

　암환자는 많은 검사를 받고 주사를 맞게 된다. 특히 피검사, X-ray, CT scan, MRI 검사, 케모포트 _{항암제 투약을 위한 중심정맥관을 이식하는} _것 시술 등이 있다. 오늘은 MRI 검사를 위해 어두운 굴 속처럼 생긴 터널 모양의 기계 안에 내 몸을 집어넣는다. 기계 안으로 들어가는 순간 약해진 내게 두려움이 찾아온다. 그래서 나는 기도를 한다. '하나님 내 손을 붙들어 주세요.'

　갑자기 내 손에 힘이 들어간다. 그리고 담대함 속의 평안이 느껴진다. 차가운 기계 속에 누워 있지만 '내 영혼 내 영혼 평안해'라는 찬양이 내 머리 속을 채운다. 나는 순간 가장 평안한 상태로 누워 있는 환자다. 바닷물에 내 몸을 맡기듯 물결 따라 유유히 파도를 느끼며 둥둥 떠 있는 모습이 되었다. 그것은 바로 베드로에게 명하여 물 위를 걸어가게 만드신 하나님의 권능이 불안에 떨던 나를 평온케 하셨기 때문이다. 평온함을 찾으세요 그리고 평안하시기 바라요.

하나님이 붙들어 주시니까 난 괜찮아.
하나님께 내 몸을 맡기라.
그가 붙들어 주신다.

아기 얼굴

　나를 웃게 하는 수많은 얼굴이 있다. 물론 가족들의 얼굴이 먼저 떠오른다. 그 중에서도 나를 최고로 웃게 하는 얼굴은 바로 아기의 얼굴이다. 아기의 얼굴은 해맑다. 너무 맑아서 눈에 넣어도 아프지 않을 것 같다.

　화상통화로 아기의 얼굴을 바라본다. 아기는 나를 바라보며 세상에서 가장 환한 미소를 보여준다. '아빠꿍 _{아기가 사랑스러운 목소리로 나를 부르는 소리다}'이라는 사랑의 마음으로 아빠를 불러주는 소리에 기쁨과 동시에 눈물이 흘러내린다.

　'응, 아빠꿍이야. 아빠는 아가를 너무 보고 싶어하고 그리워하고 있어.'

　소리 없이 눈물로 아기에게 나는 대답한다. 같이 있을 때 더 많이 안아주고 더 많이 얼굴 비벼 줄 것을.

　'다시 집으로 돌아가면 최선을 다해 아빠꿍 해 줄게.'

민수기 6:22-27

　22. 여호와께서 모세에게 말씀하여 이르시되
　23. 아론과 그의 아들들에게 말하여 이르기를 너희는 이스라엘 자손

을 위하여 이렇게 축복하여 이르되

24. 여호와는 네게 복을 주시고 너를 지키시기를 원하며

25. 여호와는 그의 얼굴을 네게 비추사 은혜 베푸시기를 원하며

26. 여호와는 그 얼굴을 네게로 향하여 드사 평강 주시기를 원하노라 할지니라 하라

27. 그들은 이같이 내 이름으로 이스라엘 자손에게 축복할지니 내가 그들에게 복을 주리라

　민수기 6:22-27에는 하나님의 얼굴 비춰 주심이 있다. 이스라엘의 제사장들을 축복하며 하나님은 그의 얼굴의 빛을 비춰 주시고, 그들에게 향하여 얼굴을 들어 주시는 말씀으로 복을 주신다. 하나님의 얼굴에는 빛나는 광채가 있다. 하나님의 얼굴을 비추어 주신다는 것은 바로 우리에게 어둠만 바라보지 말라는 말씀과도 같다.

　하지만, 우리는 세상의 빛 되신 하나님을 바라보기보다는 고개를 숙여 세상의 많은 어둠에 시선을 두고 살아간다. 그렇게 살다 보니 '사는 것이 너무 힘들고 어렵다'라는 한숨 섞인 불평이 많다. 빛을 바라보아야 하는데, 그곳에 빛이 있는데… 왜 어둠을 바라보는 것에 더 익숙할까?

　하나님은 여전히 그의 얼굴을 내게 향하여 그의 빛을 비추어 주신다. 나를 좀 바라보라고. 어둠이 아닌 빛을 보라고 말이다. 혹시 우리는 지금도 어둠을 바라보는 것에 익숙하지는 않은가? 고개를 들자. 그리고 어둠에서 고개를 들어 빛나는 하나님의 광채를 바라보자. 그럼 하나님 주시는 복과 은혜와 평강이 어느새 나를 채우

고 있음을 발견하게 될 것이다.

한껏 웃어 주시고 '사랑하는 자녀야'라고 불러
눈물을 흐르게 하시는
주님의 은혜를 발견하기를….

암을 치유하는 앎

찌름

암환자는 혈관 내 항암제 주입이 오래 가능하도록 쇄골 근처에 케모포트 Chemo port 라는 것을 심는 수술을 하게 된다. 나 역시 케모포트를 심기 위해 수술실에 누웠다. 집도의가 다가와 목과 어깨 주변을 철저히 소독하고 이제 얼굴을 천으로 가린다. 잠시 후 집도의가 말한다.

"따끔하고 아파요."

순간 나는 초점을 잃어버린 눈빛과 힘없는 목소리로 대답을 한다. "네."

긴장감이 극도로 나를 누른다. '아~ 맞다. 하나님의 붙들어 주심을 기도해야지.'

마음 속으로 기도를 한다. 하나님 내 손을 또 붙들어주세요. 그런데 갑자기 눈물이 난다.

예수님 십자가에 홀로 매달리셨다. 이미 예수님께서는 겟세마네 언덕의 기도에서부터 철저한 외로움과 고통 속에 있으셨을 것이다. 그리고 십자가를 지고 십자가 언덕의 길, 비아 돌로로사 Via Dolorosa: '고 난의 길', '슬픔의 길'이라는 뜻으로 예수님 십자가 지고 걸어가신 언덕의 길을 표현한 단어 를 걸어가셨다. 로마 군병들이 십자가에 그를 눕히고 이제 큰 못을 예수님께 조롱

하듯 보여준다. 난 마취주사만 몸에 대도 소스라치게 놀라는데 예수님은 그 고통을 어떻게 바라보셨을까? 십자가의 대못이 그의 양손과 발을 짓누르고 뼈를 통과한다. '빠지직'하는 뼈를 부수는 소리를 어떻게 들으셨을까? 예수님도 순간 이 기도를 하셨을까?

'아버지, 붙잡아주세요!'

우리 삶 가운데는 많은 찌름이 있다. 질병이라는 창이 나를 뚫기도 하고, 낙심이란 가시가 내 피부에 상처를 내고, 물질이라는 날카로운 검이 내 살을 파헤치기도 한다. 때론 이기적인 사람들과의 관계가 나를 바늘처럼 콕콕 찌르기도 하고, 미움과 폭력과 같은 큰 도끼가 내 몸을 조각내기도 한다. 우린 이런 찌름의 상황에 어떻게 해야 할까? 그럴 때마다 기도하라.

'하나님 붙잡아주세요. 아프지 않도록, 잘 이겨내도록, 상처가 많이 나지 않도록 해주세요.' 그러면 하나님은 찔리고 찢기고 상처 난 부위를 그의 눈물로, 그의 위로함으로 어루만지시고 치유해 주실 것이다.

케모포트 삽입은 15분 만에 끝났다. 그리고 고통은 어느새 지나갔다. 하지만 케모포트라는 새로운 것이 내 몸속에 들어와 어색하고 뻑뻑한 불편함은 남아 있다.

'그래도 괜찮아. 지나갔으니까.'

하나님을 향한 감사의 눈물이 흐른다. 하나님이 붙잡아 주셔서 잘 지나갔어요…….

암을 치유하는 앎

하나님은 우리를 여전히
붙잡고 계신다는 사실을 기억하자.

익숙해짐

항암 치료를 위해 케모포트를 심어 놨다. 내 몸은 케모포트를 받아들이기 위해 애쓰고 있는 듯하다. 오른쪽 쇄골 부분에 심어진 케모포트가 혹시라도 잘못될까 봐 목을 쉽게 움직이지 않았다. 침이라도 삼키고 크게 호흡을 하면 목에 심어 넣은 불편한 튜브가 느껴진다. 그런데 내 몸은 이 불편함을 받아들이도록 익숙해지기 위해 힘을 쓰는 듯하다.

사람은 익숙함을 좋아한다. 익숙한 장소에 머무르는 것을 컴폴트존 comfort zone 이라 부르기도 한다. 바로 "편안한 지역"이라는 뜻이다. 익숙함에 머물려는 욕구는 바로 그곳에 편안함이 있기 때문이다. 새로운 것을 도전하는 것에는 많은 변수와 익숙하지 않음이 존재하기 때문에 섣불리 나서지 않지만 익숙한 것에는 흐르는 물에 몸을 맡기듯 자연스럽게 흘러가듯 편안함을 누리게 된다.

하나님을 향한 익숙함도 마찬가지다. 처음에는 믿음이 없어 하나님을 받아들이지 못하는 사람이 많다. 익숙하지 않아서 그렇다. 하나님의 말씀이 불편하고 교회와 성도들이 불편하기 때문이다. 안타까운 모습이다. 익숙함이라는 것도 처음에는 불편하지만 그것을 인정하고 받아들이면 점차 편안해지는 과정인데 말이다. 하나님께

암을 치유하는 앎

익숙해지는 모습, 그것이 내가 조금이라도 힘내서 살 수 있는 길이고 이것을 기독교는 구원이라 말한다. 예수 그리스도를 믿음으로 받아들이는 것이다. 그리고 받아들이고 익숙해지면 주님 주시는 평안함을 만날 수 있을 텐데.

항암치료는 고통이라고 흔히 말한다. 독 Toxin 과 같은 암을 죽이기 위해 또 다른 독약을 몸속에 넣으니 아플 수밖에 없다. 참기 힘든 아픔과 지속적인 고통이 있지만 암세포는 죽이고 반면에 좋은 세포를 살려내기 위해 암환자들은 죽을 힘을 다해 싸우게 된다. 싸움이라는 것은 아무리 해도 익숙해지지 않는다. 싸움에는 언제나 고통이 동반되기 때문이다. 하지만 병상 가운데 있는 환자들은 어쩔 수 없다. 어차피 다가올 싸움이라면 두려워 넘어져 있기보다는 잘 싸워 완치되기까지 험난한 고통과 아픔에 적응하며 익숙해지도록 해야만 한다.

케모포트는 불편하다. 케모포트에 바늘을 꽂기라도 하면 불편함이 더욱 가중된다. 생각해 보라. 2박 3일 동안 날카롭고 불편한 주사바늘이 나의 쇄골에 달려 있으니 말이다. 혹시라도 바늘이 빠질까 봐 케모포트에 '밴드 bandage'를 붙여 놓는다. 그런데 붙여 놓은 밴드가 2박3일 동안 피부에 문제를 일으켜 그 부위가 간지럽고 빨갛고 쓰라린 상처를 만든다. 불편함과 함께 동반되는 어려움이 이모저모다. 하지만 이것 역시 내가 이기기 위해 받아들여야 할 고통과 어려움 아니겠는가! 케모포트가 내 몸에 점차 잘 익숙해지길 바란다. 그래서 끝까지 싸워 이길 힘을 주기를 바란다. 최후 승리를 얻기까지.

불안하고 불편했던 마음이 좀 더 평안해졌다.

찬양하라 이길 힘을 얻을 때까지….

최후 승리를 얻기까지 주의 십자가 사랑하리
빛난 면류관 받기까지 험한 십자가 붙들겠네

찬송 '갈보리 산 위에' 중에서

암을 치유하는 앎

텅 빈 복도

병원에서의 하루는 빠르게 시작한다. 새벽 5시에 간호사 선생님이 와서 나를 깨운다.

"피검사하고 혈압체크 할 거예요." 그리고 눈뜨자마자 날카로운 바늘이 혈관을 찌른다. 주사도 많이 맞으니 익숙해지는 것 같다. 하지만 컴포트존 comfort zone 은 아니다. 인간은 연약하기에 따끔한 것은 여전히 불편하다. 피검사를 하고 난 후 혈압체크 전 엑스레이검사를 먼저 하고 오라고 한다. 새벽 5시 30분에 엑스레이 영상촬영실로 걸어가는 복도에는 양쪽으로 암환자들이 누워 있는 환자병동이 보인다. 병실마다 커튼으로 가려져 있고 문득 지나온 복도를 돌아보니 고요한 적막 가운데 나 홀로 덩그러니 서있다. 적막함과 고요함 가운데 난 유튜브를 켰다. 피아노 찬양이 흘러나와 내 귀를 은혜로 채운다. 마음이 따뜻해지고 텅 빈 복도를 바라보는 내 마음은 순간 텅 빈 공허함이 아니라 하나님의 은혜로 채워진다. 감사하다. 이 아침 복도에 나 혼자 있는 것 조차도 감사하고 외롭지 않다.

하나님께서는 태초에 공허의 공간에 채우심의 창조를 하셨다. 하늘과 해, 달, 별, 그리고 바다, 육지와 동식물 그리고 마지막에는 하나님의 형상 Imago Dei 으로 인간을 지어 부족하지 않도록 완벽하게 채워주신 환경 가운데 살게 하셨다. 태초에 창조한 인간 아담에게 외롭지 않도록 아내 하와를 주시고 그들의 자녀들과 하나님의 은혜로 세상을 채우도록 만들어 주신 하나님이 계시기에 우리는 여전히 살 만하다. 하나님의 은혜가 찬양을 통해 나를 품는다. 따뜻하다.

텅 빈 복도가 하나님의 은혜로 꽉 찼다…….

공허함을 느끼고 텅 빈 마음을 느끼고 있는가?
채워 주심의 하나님 은혜를 간구하라.
하나님은 채워 주실 것이다.
그의 은혜와 사랑으로. 그가 가진 능력으로. 찬양이
어느새 내 슬픈 마음을 은혜로 채운다.

주 품에 품으소서
능력의 팔로 덮으소서
거친 파도 날 향해 와도
주와 함께 날아오르리
폭풍 가운데 나의 영혼
잠잠하게 주를 보리라

암을 치유하는 앎

X-ray실

엑스레이 촬영을 위해 새벽 5시 30분 엑스레이실을 찾아갔다. 텅 빈 복도의 공허함은 잠시였다. 엑스레이 촬영실 앞은 벌써 20명 가까운 대기줄로 인산인해를 이루었다. 이토록 아픈 사람이 많았던가? 나도 대기열에 등록하고 기다리며 아픈 환자들을 꼼꼼히 살펴보게 된다.

'저 남자분은 어떤 수술을 했나 보다', '저 환자분은 항암치료 중인가보다', '저 할머니는 어떤 수술을 하셨길래 저리도 아파 하실까?' 여러 생각이 스친다.

성경을 보면 하나님이 태초에 공허에서 창조로 채워 주신 완벽함을 죄로 인해 잃어버리게 되는 인간의 모습이 나온다. 하나님의 창조는 '에덴'이라는 아름다운 동산을 통해 인간에게 주어진 하나님의 완벽한 계획과 일하심을 보게 된다. 하지만, 인간은 그것조차도 부족했나 보다. 하나님의 채워 주심에 만족을 느끼지 못하고 죄를 지으니 말이다. 이로 인하여 인간은 에덴의 완벽함을 잃어버리고 그곳에서 쫓겨나 자신만의 성을 쌓게 된다.

"가인이 여호와 앞을 떠나서 에덴 동쪽 놋 땅에 거주하더니 아내와 동침하매 그가 임신하여 에녹을 낳은지라 가인이 성을 쌓고 그의 아들의 이름으로 성을 이름하여 에녹이라 하니라" (창세기 4:16-17)

성을 쌓는다는 것은 자신과 토지를 보유하기 위해 지킨다는 의미도 있지만 나를 기념하기 위해 세운다는 의미도 포함한다. 하나님을 떠난 인간은 자기 스스로의 만족을 채우기 위해 성을 쌓는다. 하지만, 성을 쌓아가면서 점차 단절과 구분이 생겨나고 거기서부터 인간의 교만과 차별이 생겨나게 된다. '내가 쌓았다'라는 교만에서 성 안의 사람과 성밖의 사람이라는 구분이 발생한다.

이제 인간은 자신만의 영역 확보를 위해 싸움과 전쟁을 만들어간다. 더 강해지기 위해 사람을 모으고 더 강해지기 위해 싸울 물건들을 만들어간다. 이제 평화는 깨졌다. '싸움에서 이기는가 아니면 지는가'의 문제가 발생하는 것이다. 하나님 창조의 질서를 완전히 무너뜨리는 인간의 교만은 그들만의 문화를 만들어 나가고 이는 하나님의 창조를 완전히 무너뜨리는 결과로 이어지게 된다.

질병도 마찬가지다. 우리가 깨뜨린 하나님의 질서와 하나님을 넘어서기 위한 인간의 교만이 환경을 깨뜨리고 질병을 만들어냈다. 결국 우리 스스로 잘살기 위한 일들이 스스로를 파괴하게 된 것이다. 이로 인해 우리는 또 다시 고통 가운데 머무르게 된다. 아픈 사람들이 인산인해를 이루었던 모습 속에서 하나님이 태초에 만들어주신 완전한 채우심을 깨트린 인간의 교만과 파괴성을 들여다보게

암을 치유하는 앎

되었다. 우린 과연 태초에 하나님이 인간에게 만들어 주신 완벽한
채우심의 은혜를 다시 회복할 수 있을까?

여호와께 돌아가라! 하나님께……

해는 떠오른다

 항암주사의 여러 부작용 가운데 한 가지는 피부착색이다. 약의 독성으로 피부가 검게 변해가는 것이다. 첫 항암주사를 맞고 병원 복도를 걷는데 뜨거운 태양빛이 나에게 빛을 쏟아 주고 있었다. '예전 같으면 태양빛이 가져다 주는 뜨거움과 밝음을 나의 온몸으로 느낄 수 있었을 텐데…' 순간 나는 양지에서 음지로 몸을 피하였다. 그리고 손만 뻗어 태양을 사진에 담아본다.

 아담과 하와가 사탄의 꾀임에 빠져 죄를 짓고 그들의 눈이 밝아져 벌거벗음의 부끄러움을 발견하게 된다. 하나님은 "아담아 아담아 네가 어디 있느냐" 그들을 찾아 부르신다. 아담과 하와는 하나님 음성을 피해 몸을 가리며 숨어버리고 말았다. 하지만 피할 수 없다. 하나님은 전부를 보고 계시기 때문이다. 마치 하나님은 태양빛과도 같다. 모든 어두운 곳을 비춰 밝게 드러나게 하시는 분이시다.

 많은 암환자들은 항암이 길어질수록 마치 어둠의 터널 안에 있는 듯 빛을 피해 어둠으로 숨어 들어갈 수도 있게 된다. 암이라는 존재가 그렇게 만들도록 하기 때문이다. 죄도 이와 같다. 죄의 부끄러움이 우리를 하나님의 선한 백성의 모습으로부터 멀어지도록 만들어 하나님이라는 빛을 피해 어둠으로 숨도록 만들기 때문이다.

하지만 항암치료가 끝나면 착색되었던 피부는 원래대로 금방 되돌아온다고 한다.

'얼마나 다행인가.'

하나님의 빛으로 나아올 때 우리 역시 '되돌아옴'의 회복을 누리게 될 것이다. 어두웠던 우리의 과거를 밝은 소망과 비전으로 되돌려주시고 어둠 속에 죽어가던 영혼이 하나님의 빛을 쐬면 하나님 주시는 새로운 되돌림의 생명의 힘을 느끼게 될 것이다. 어둠에 숨지 말고 지금 당장 하나님의 빛으로 나아가자.

"일어나라 빛을 발하라
이는 내 빛이 이르렀고 여호와의 영광이 네 위에
임하였음이라" (이사야 60:1-3)

일어나세요!

손잡음

암진단을 받기 까지는 많은 검사 그리고 결과를 기다리는 두려움과 초조함의 시간이 존재한다.

'무슨 일 없겠지? 괜찮을 거야.' '아니야 혹시라도 암이라면?'

그 이상은 감히 상상조차 할 수 없다. 지금 내 옆에는 이 초조함을 함께 경험하는 아내가 있다. '괜찮을 거야' 서로가 서로의 눈을 보며 위로 아닌 위로를 보낸다. 그리고 손을 서로 잡는다.

암진단을 받은 후 이 두 손을 더욱 꽉 잡게 되고 있음을 느낀다. '손 잡는다'는 것에는 많은 의미가 담겨 있을 것이다. '내가 함께 해줄게', '내 손을 잡고 일어나 쓰러지면 안 돼', '난 이 손을 놓지 않을 거야.' 결혼 이후 지금 일주일만큼 이렇게 손을 많이 잡아 본 적이 없었다. 그러고보니 난 아내의 손을 많이 잡아주지 않았다.

'왜 그랬을까?'

난 차가운 사람이었던 것이다. 마음을 나누고 싶지 않았던 것이고 붙잡아주고 싶지 않았던 것이다. 내가 붙잡지 않아도 당연히 옆에 있어야 할 사람이니까.

하나님은 우리에게 손을 내밀어 주신다. 약한 자를 일으켜 주시기 위해 손 내미시고, 병든 자 고치기 위해 손 내미시고, 하나님의 기적을 나타내기 위해 권능의 오른손을 드신다. 그리고 하나님은 두 팔을 벌려 우리를 따뜻하게 안아 주시려고 기다리고 계신다. 하나님이 내밀어 주신 손을 붙잡으라. 그리고 오늘 여러분의 주위를 살펴보라. 손잡아 줄 사람이 있을 것이고, 그들에게 손을 내밀어 당신의 따뜻함을 전해줘라.

당신 주위의 사람들과 손을 잡아보세요.
어느새 잡은 두 손 사이로 따뜻함이 전해집니다.
당신 손의 따뜻함이 내 마음에 전해져요...

미안해요

병원에서 진찰을 받는 가운데 처남에게 전화가 왔다. 나의 목소리를 들으면 눈물이 날까 봐 선뜻 전화를 하지 못했다고 한다. 우리는 서로 울먹거리며 첫 인사를 나눈다. 나의 첫 인사는 "미안해요"였다. 이 말을 듣고 처남은 전화를 끊고 더 펑펑 울었다고 한다.

'왜 나의 첫 인사는 "미안해요"였을까?' 그것은 상대의 마음을 아프게 한 것에 대한 미안함이었다. 나 때문에 얼마나 걱정을 많이 했을까? 슬픔과 걱정을 가져다 준 것이 미안했다.

예수님은 우리의 죄값을 그의 생명으로 대신 갚아 주시기 위해 십자가를 선택하셨다. 내가 받아야 할 고난이고 죄의 값이 있는데 그것을 예수님께서 대신 감당해주신 것이다. 그래서 우리는 예수님께 빚진 자들이다. 바로 생명을 빚진 자들인 것이다. 성경의 로마서 6:23에서 말씀한다.

> "죄의 삯은 사망이요 하나님의 은사는 그리스도 예수 우리 주 안에 있는 영생이니라"

그런데 우리는 살아가면서 예수님께 미안한 마음을 가지고 살기

암을 치유하는 앎

보다는 그 은혜를 기억하지 못하고 살아간다는 문제를 가지고 있다. 우린 다 예수님을 아프게 했는데도 말이다. 우리 예수님께 미안한 마음을 가지고 살아가자.

'예수님, 은혜를 잊고 살아서 미안해요.'

'예수님, 너무 내 마음대로 살아서 미안해요.'

엄마한테서 전화가 왔다. 암진단을 받고 난 다음 날 처음 하는 전화였다. 내 목소리에는 울음이 섞여 있다.

"엄마! 걱정 끼쳐서 미안해."

하지만, 엄마는 울지 않고 씩씩한 목소리로 아들에게 힘을 넣어 주신다.

"괜찮아. 하나님이 계시잖아. 우리가 기도하잖아. 반드시 나을 거야."

엄마의 얼굴에는 씩씩함이 있었지만 난 그 얼굴에서 폭포수 같은 눈물과 아들을 향한 미안함을 보았다. 난 슬픔과 미안함에 떨려 대답을 못하고 있었다.

"엄마, 나 괜찮을 거야." 눈물이 하염없다. "그런데, 아버지는 어떠세요?"

소파에 앉아 울고 계시다고 한다. 마음이 여린 우리 아버지. 울지 마요 나 괜찮아요. 우린 다 미안한 인생들이다…….

미안함 마음에 눈물을 흘려보라.
어느새 내 마음에 위로가 채워진다.
그리고 그 미안함은 함께하는 위로로 바뀐다.
미안해요! 많이!

초점 잃은 눈동자

병실로 돌아가는 길목에 백발의 한 어르신이 링거폴을 붙잡고 가만히 서 계신다. 난 무심하게 지나가 복도를 걷고 있었다. 10분 정도 걸은 후 정수기에서 물을 담아 다시 돌아가는데 어르신의 눈과 마주하게 되었다. 난 꾸벅 인사를 드리며 눈동자를 쳐다보았다. 초점 잃은 눈동자다. 순간 생각이 든다. '많이 힘드시구나.'

그래도 내 인사를 잘 받아 주신 것에 감사했다. 왜냐면 살짝 입꼬리가 올라가는 것도 보았기 때문이다.

시편 128:1-8

1. 내가 산을 향하여 눈을 들리라 나의 도움이 어디서 올까
2. 나의 도움은 천지를 지으신 여호와에게서로다
3. 여호와께서 너를 실족하지 아니하게 하시며 너를 지키시는 이가 졸지 아니하시리로다
4. 이스라엘을 지키시는 이는 졸지도 아니하시고 주무시지도 아니하시리로다
5. 여호와는 너를 지키시는 이시라 여호와께서 네 오른쪽에서 네 그늘이 되시나니
6. 낮의 해가 너를 상하게 하지 아니하며 밤의 달도 너를 해치지 아니

하리로다

7. 여호와께서 너를 지켜 모든 환난을 면하게 하시며 또 네 영혼을 지
   키시리로다

8. 여호와께서 너의 출입을 지금부터 영원까지 지키시리로다

성경의 시편 128편 말씀을 보면 그의 사랑하는 백성을 "지켜 주시는" 하나님의 모습을 보게 된다. "졸지도 주무시지도 아니하시고" 그의 백성을 "바라보고 계신다"고 한다. 하나님은 우리의 출입 your going out and coming in , 즉 나가고 들어오고, 어디를 가든 우리와 함께하신다는 것이다. 뚜렷한 초점으로 말이다.

지치고 힘에 겨운 상황은 우리의 초점을 흐리게 만들고 공허함을 바라보게 만든다. 렌즈의 포커스 조절도 흐릿해졌다 밝아졌다를 반복하며 또렷한 초점을 잡기 위한 운동을 하듯 우리도 초점을 똑바로 맞추기 위한 힘이 필요하다. 초점을 흐리게 만드는 상황에서 벗어나 나를 언제나 뚜렷이 바라보며 지켜 주시는 하나님께 우리의 시선을 포커싱 focusing 해야 한다. 하지만 지친 영혼들에겐 그마저 힘에 겨운 운동에너지일지도 모른다. 그렇다 할지라도 눈을 크게 뜨라. 눈동자를 움직여 하나님을 똑바로 쳐다보는 것이다.

내일도 그 어르신을 보면 인사를 드리려 한다.

'아니 저 사람은 뭘 저리 인사를 잘하지?'

초점 맞추어 똑바로 보실 수 있도록 운동시켜 드리는 거다. 할아버지, 눈에 힘을 기르세요. 그리고 빨리 건강해져서 초점 없이 세

암을 치유하는 앎

상을 바라보기보다 눈을 들어 하나님의 살아 계심까지 바라볼 수 있는 초점력을 키우시길 소망합니다.

눈에 힘을 주고 살아라!
하나님을 볼 수 있을 때까지.

입맛

입맛이 있다는 것에 감사하다. 항암치료를 하면 약의 부작용때문에 속이 메스껍고 구토를 유발하게 되는 증상이 생겨난다. 조금 회복될 만하면 다시 항암주사를 맞아야 하고, 또 조금 회복되려고 하면 다음 항암주사를 맞아야 하는, 그럼에도 더딘 회복에 지쳐가는 과정이 반복된다. 게다가 항암치료가 길어질수록 회복은 점차 더디어진다고 한다.

'아니, 회복이 좀 되어야 내가 밥을 먹고 힘을 내지! 어떻게 기운을 차리라고!'

암환자들의 기쁨이 있다면 오늘 입맛이 있고 먹을 수 있다는 것이다. 뭔가를 먹지 못할 정도로 힘이 없고 무기력할 때가 많기 때문이다. 항암을 하는 주간에는 먹지 못하고 움직이지 못하는 무기력이 가중된다.

혹시 잘 먹고 맛있게 먹고 잘 싸시고 계신가? 그것 되게 부러운 거다. '부러우면 지는 것이다' 라는데 안타깝게도 암환자들은 질 수밖에 없다. 잘 먹지 못하니까……. 그러나, 기다려라. 나도 남 부럽지 않게 언젠가 먹을 테니까. 하지만 또 다시 메스꺼움 때문에 맛있는 음식을 바라보기만 하고 먹는 것은 잠시 뒤로 미룬다.

암을 치유하는 앎

하나님께 투정 부려 보라! 속이 안 좋으니까…
하나님이 먹여 주세요.

체력

체력은 말 그대로 몸의 힘이다. 몸이 움직이기 위해서는 힘이 필요하다. 암환자들에게 있어서 체력은 항암을 지속할 수 있는 근본적인 힘이 된다. 체력을 기반한 기타 면역력을 길러내기 위해 모두들 고민하고 마음을 다잡아 먹는다. 하지만 오랜 항암생활을 하다 보면 가지고 있던 체력도 고갈되고 갈수록 면역력 생성과 회복 기간은 점차 길어질 수밖에 없다.

'그럼 어떻게 하지? 난 어떻게 체력을 지키며 회복할 수 있을까?'

여기 선지자 하박국의 기도가 있다.

> "비록 무화과나무가 무성하지 못하며 포도나무에 열매가 없으며 감람나무에 소출이 없으며 밭에 먹을 것이 없으며 우리에 양이 없으며 외양간에 소가 없을지라도 나는 여호와로 말미암아 즐거워하며 나의 구원의 하나님으로 말미암아 기뻐하리로다 주 여호와는 나의 힘이시라 나의 발을 사슴과 같게 하사 나를 나의 높은 곳으로 다니게 하시리로다" (하박국 3:17-19)

비록 우리가 지키고자 했던 체력이 고갈될지라도 실망하거나 포기하지 않을 것은 여호와 하나님이 우리의 힘 되시기 때문이다. 하

암을 치유하는 앎

나님이 나의 힘 되신다! 라는 선포로 고갈된 체력에 믿음과 확신의 선포로 채워가라. 하나님은 반드시 힘을 주신다. 우리의 발을 사슴처럼 힘있게 뛰어오를 수 있도록⋯⋯.

난 오늘 새벽에도 일어나 깨끗이 씻고 병원 복도에서 스쿼트_{앉아 일어나기}와 런지_{무릎 굽혀 걷기}를 하며 걷고 있다. 내 다리가 사슴처럼 힘있고 가볍게 하나님께서 해 주실 것을 확신하며⋯⋯.

운동하라. 지금. 당장!

낙심

병상 위의 환우들을 보면 대부분 무기력하고 지친 모습이다. 질병과의 싸움이 계속되기 때문이다. 그러할 만한 것이 육체적 능력은 정신적 능력과 상관관계를 가지고 있기 때문에 암환자의 체력이 고갈될수록 정신적 능력 또한 굉장히 많이 소진되기 때문이다. 이 시간이 길어지면 점차 낙심이라는 공격이 찾아오게 된다. 낙심은 말 그대로 마음이 떨어진 것이다. 낙심이 왔는가? 내 마음을 어디에서부터 떨어뜨려 잃어버렸는지 생각해내라.

> "내 영혼아 네가 어찌하여 낙심하며 어찌하여 내 속에서 불안해하는가 너는 하나님께 소망을 두라 나는 그가 나타나 도우심으로 말미암아 내 하나님을 여전히 찬송하리로다" (시편 42:11)

병상에 누워있는 분들. 모두 일어나시기 바라요. 불안을 떨쳐 버리고 소망으로 옷 입길 바라요. 하나님이 도우신다고 하시잖아요. 일어나도록 육체에 힘을 주시라고 기도하세요. 바닥에 떨어져버린 마음이 소망으로 버팀목이 되어 일어나도록 하나님께 간구하세요.

기도를 하다 보니 어느새 낙심은 다 사라지고 어느새 내 마음과

암을 치유하는 앎

입술에는 소망이 넘치는 찬양으로 넘쳐난다.

기도하라! 떨어진 마음이 바닥을 튀어
다시 높이 오르기까지!

무기력

항암제가 내 몸 속을 돌아다니면서 암세포뿐만 아니라 건강한 세포까지 공격을 하는 듯 몸에 힘이 빠진다. 항암제 투여가 시작되고 시간이 갈수록 무기력함을 느낀다. 건강한 세포가 공격당하고 있는 것이다. '암세포는 어서 죽고 건강한 세포는 오랫동안 지켜 줘야 하는데 어떡하지?' 물을 벌컥벌컥 마셔본다. 항암제의 독성을 추출하는 데에는 물을 많이 마셔 소변을 자주 보는 게 좋다고 했기 때문이다.

성경에도 보면 물은 중요한 의미를 지니고 있음을 알게 된다. 하나님이 물을 만드시고, 노아의 홍수처럼 물로 심판하시고, 홍해의 기적처럼 물로 기적을 보이시기도 하고, 광야에서 반석의 물로 백성들의 갈증을 채워 생명을 주시는 등 물의 역할은 성경 역사에 많은 부분에서 나온다. 특별히 에스겔 47장에 보면 성전에서 흘러나온 물이 세상 가운데 흘러 들어가 역사하는 환상이 있다. 에스겔 47장 1-12절까지 읽어보자.

에스겔 47:1-12

1. 그가 나를 데리고 성전 문에 이르시니 성전의 앞면이 동쪽을 향하

암을 치유하는 앎

였는데 그 문지방 밑에서 물이 나와 동쪽으로 흐르다가 성전 오른쪽 제단 남쪽으로 흘러내리더라

2. 그가 또 나를 데리고 북문으로 나가서 바깥 길로 꺾여 동쪽을 향한 바깥 문에 이르시기로 본즉 물이 그 오른쪽에서 스며 나오더라

3. 그 사람이 손에 줄을 잡고 동쪽으로 나아가며 천 척을 측량한 후에 내게 그 물을 건너게 하시니 물이 발목에 오르더니

4. 다시 천 척을 측량하고 내게 물을 건너게 하시니 물이 무릎에 오르고 다시 천 척을 측량하고 내게 물을 건너게 하시니 물이 허리에 오르고

5. 다시 천 척을 측량하시니 물이 내가 건너지 못할 강이 된지라 그 물이 가득하여 헤엄칠 만한 물이요 사람이 능히 건너지 못할 강이더라

6. 그가 내게 이르시되 인자야 네가 이것을 보았느냐 하시고 나를 인도하여 강가로 돌아가게 하시기로

7. 내가 돌아가니 강 좌우편에 나무가 심히 많더라

8. 그가 내게 이르시되 이 물이 동쪽으로 향하여 흘러 아라바로 내려가서 바다에 이르리니 이 흘러내리는 물로 그 바다의 물이 되살아나리라

9. 이 강물이 이르는 곳마다 번성하는 모든 생물이 살고 또 고기가 심히 많으리니 이 물이 흘러 들어가므로 바닷물이 되살아나겠고 이 강이 이르는 각처에 모든 것이 살 것이며

10. 또 이 강 가에 어부가 설 것이니 엔게디에서부터 에네글라임까지 그물 치는 곳이 될 것이라 그 고기가 각기 종류를 따라 큰 바다의 고기 같이 심히 많으려니와

11. 그 진펄과 개펄은 되살아나지 못하고 소금 땅이 될 것이며

12. 강 좌우 가에는 각종 먹을 과실나무가 자라서 그 잎이 시들지 아

니하며 열매가 끊이지 아니하고 달마다 새 열매를 맺으리니 그
물이 성소를 통하여 나옴이라 그 열매는 먹을 만하고 그 잎사귀
는 약 재료가 되리라

성전 제단에서 흘러나온 물이 점차 모여들어 차오르면서 건너지
못할 강수가 되어 흘러간다. 그리고 강물이 흘러 지나가는 자리마
다 죽었던 것들이 다시 살아나는 역사가 있게 된다. 강물은 각종
물고기들로 가득 차고 강 주변에는 다양한 과실나무들이 강물로
인해 풍성한 열매를 맺는 것이다.

무기력은 우리를 메말라가게 한다. 양분을 다 빼앗아 재생할 에
너지를 만들지 못하게 하여 기력이 없어지도록 만들기 때문이다.
메마른 땅에는 무엇을 심어도 뿌리내리지 못한다. 뿌리내릴 만한
양분과 수분이 없기 때문이다. 그래서 우리 역시 무기력에서 회복
하기 위해서 기도로 간구할 것은 하나님이 흘려 보내 역사하시는
물이다. 중요한 것은 이 회복의 물줄기가 바로 성전, 즉 하나님의
임재가 있는 곳에서 시작되었다는 것이다.

"너희 몸은 너희가 하나님께로부터 받은 바 너희 가운데 계신 성령의
전인 줄을 알지 못하느냐 너희는 너희 자신의 것이 아니라. 값으로 산
것이 되었으니 그런즉 너희 몸으로 하나님께 영광을 돌리라" (고린도
전서 6:19)

암을 치유하는 앎

고린도전서를 보면 우리의 몸은 하나님의 임재가 있는 거룩한 성전이라 말씀하셨다. 그리고 우리의 몸은 하나님께서 값을 치러 사신 하나님의 소유물이라 하신다. 하나님의 임재 가운데 거하라. 그리고 우리 몸에서부터 성령이 흘려 보내는 회복의 강수에 몸을 맡기기 바란다. 하나님의 거룩한 성전이 되도록 내 몸을 하나님의 은혜와 성령의 충만함으로 채우기 바라며 기도를 하자.

　하나님 내 안에 모든 나쁜 암세포, 질병을 하나님 회복의 강수로 깨끗이 씻어 낫게 해 주시옵소서. 내 몸 구석구석 마다 회복의 강수가 흘러 들어 메마른 장기들이 살아나게 하시고, 찢기고 상처 난 모든 곳에 회복과 치유, 아물게 되는 역사가 있게 하소서!

하나님은 반드시 회복시키신다.
성령의 물줄기에 내 몸을 맡기라.

웃음

당신은 하루에 얼마나 웃으며 살고 있는가? "웃으면 복이 온다"라는 말도 있고, "웃음치료사"라는 직업까지도 생겨났다. 웃음이 인간의 삶에 그만큼 많은 긍정적 영향을 주기 때문이다. 암을 유발하는 수많은 원인 가운데 하나가 스트레스로 인한 세포의 변형이라고도 한다. 극도의 긴장과 스트레스가 인간을 구성하는 세포까지 변형시켜 질병을 만드는 것이다. 그래서 암환자에게 있어서 감정 컨트롤은 또 하나의 치료 방법이 될 수 있다.

특별히, 질병과 싸우는 데 있어서 웃음이 주는 효과는 매우 크다. 암환자도 암과의 사투를 벌이는 데 있어 의사들은 긍정적으로 생각하고 많이 웃을 것을 권고하고 있다. 왜냐하면, 암이라는 질병은 육체뿐만 아니라 환자의 마음까지도 오랫동안 공격하여 나약하게 하기 때문이다. 암이 가져다 주는 스트레스와 두려움으로 인한 변형된 세포가 더 나빠지지 않도록 암환자는 특별히 더 많이 웃어야 한다.

집에 돌아오니 아기가 나를 보고 함박 웃음을 지어 준다. 두 살 아기이지만 나에게 호탕하게 웃어 준다.

"꺄르르, 하하하, 호호호." 순간 나도 따라 웃게 된다. "하하하."

창세기를 보면 하나님께서 자손이 없는 아브라함에게 장차 태어날 자녀를 약속해 주신다. 그리고 그 약속은 약 25년이라는 기다림 끝에 성취되었다. 아브라함과 사라는 오랜 기다림 끝에 하나님 약속의 성취를 만나게 되고 이삭이라는 아들을 만나는 기쁨을 누리게 된다.

창세기 21:1-6

1. 여호와께서 말씀하신 대로 사라를 돌보셨고 여호와께서 말씀하신 대로 사라에게 행하셨으므로
2. 사라가 임신하고 하나님이 말씀하신 시기가 되어 노년의 아브라함에게 아들을 낳으니
3. 아브라함이 그에게 태어난 아들 곧 사라가 자기에게 낳은 아들을 이름하여 이삭이라 하였고
4. 그 아들 이삭이 난 지 팔 일 만에 그가 하나님이 명령하신 대로 할례를 행하였더라
5. 아브라함이 그의 아들 이삭이 그에게 태어날 때에 백 세라
6. 사라가 이르되 하나님이 나를 웃게 하시니 듣는 자가 다 나와 함께 웃으리로다

이삭이라는 이름은 "나를 웃게 하셨다"라는 의미를 지닌다. 하나님이 이삭을 통해 아브라함을 웃게 해 주신 것이다. 그리고 그 웃음을 듣는 자들이 함께 웃을 것이라 말씀한다. 아기를 통해 웃게 하시고 그 웃음이 주변의 사람들을 웃게 한다. 질병과 고통 가운

데 있지만 웃음을 잃지 않도록 힘을 내기 바란다. 아니 웃을 힘을 하나님께 구하라. 하나님이 웃게 하실 것이다. 웃음을 통해 오늘 하루 이길 승리의 힘을 허락해주실 것이다. 하나님 주시는 웃음은 회복과 치유가 있는 웃음이기 때문이다.

아브라함과 그의 아내 사라는 이삭을 통해 회복되었다. 아니 이전보다 더 큰 소망을 품고 살아갈 수 있게 되었다. 웃음을 잃지 말자. 웃을 수 있는 힘을 하나님께 구하자. 하나님은 오늘도 우리가 웃으며 소망을 품을 수 있게 해 주실 것이다. 웃으세요.

소리 높여 하하하… 손뼉 치며 하하하…….

많이 웃어라! 그럼 이긴다!

암을 치유하는 앎

선포의 기도

새벽에 하나님이 또 잠을 깨우신다. 침대에 누운 채 배 위에 손을 얹고 기도를 한다.

'암덩어리들을 사멸시켜 주세요.' 그리고 믿음으로 나사렛 예수 그리스도의 이름으로 선포한다.

"암덩어리들은 다 사멸할지어다!"

어느 새 내 뱃가죽이 따뜻해짐을 느낀다. 하나님께서 손바닥에 기도를 통해 치유의 광선을 비추어 주신다. 손에서 광선이 나가는 듯 순간 난 헐리웃 영화의 히어로 캐릭터 아이언맨이 된다.

> "내 이름을 경외하는 너희에게는 공의로운 해가 떠올라서 치료하는 광선을 비추리니 너희가 나가서 외양간에서 나온 송아지같이 뛰리라" (말라기 4:2)

하나님을 경외하는 사람에게 치료의 광선을 비추어 주신다 말씀하셨다. 이 순간 나는 하나님의 치료의 광선을 내 손바닥을 통해 쬐고 있다. 이제 하나님이 나를 외양간에서 나온 송아지의 모습처럼 병마로부터 자유롭게 펄쩍펄쩍 뛰게 하실 것이다. 지금이다. 이 믿음 가지고 나가서 걷고 뛰어볼까? 침대를 박차고 일어나는데 아

~ 살짝 어지럽다. 광선을 더 쬐어야 하겠다…….

아픈 곳에 지금 믿음으로 선포하며
손을 대어 기도하라!

암을 치유하는 앎

텅 빈 복도 2

기도 후 병실 복도를 걷고 있다. 새벽 4시의 병원 복도는 여전히 텅 비어 있다. 각 병실을 돌아본다. 고요한 침묵 속에 암과 사투를 벌이고 있는 환자들에게 하나님 주시는 평안이 그들을 덮고 있다. 난 복도를 거닐며 병실을 둘러보며 기도한다.

'하나님 이 병실에 있는 환자들 모두 낫게 해 주시옵소서. 하나님의 병고침의 역사가 있게 하옵소서.'

순간 난 어느새 병실 복도를 다니며 마치 이스라엘 선지자의 모습처럼 기도를 뿌리고 선포하는 선포자가 되고 있었다. 뿌려라… 무엇이든지… 기도를 뿌리고, 하나님의 말씀을 뿌리고, 하나님의 긍휼하심과 그 능력을 어두운 곳을 향해 뿌리며 다녀라.

과연 우리는 기도의 씨앗을 얼만큼 뿌리며 살고 있을까? 기도의 능력을 얼마나 믿고 있을까 생각해 보는 것이다. 기도는 내가 얼만큼 예수 그리스도를 믿는가에 따라 능력의 크기가 달라진다. 기도의 사이즈가 달라진다는 뜻이다. 어떤 이는 믿음으로 산을 들어올릴 만한 기도를 할 수도 있고, 어떤 이는 콩 한 조각 옮길 만한 기도를 드리지도 못한다 내 몸조차도 움직이지 않는 그런 기도를 말한다. 즉 믿음이 없으니 움직이지도 않는다는 것. 예수님께서는 분명히 말씀하신다.

"예수께서 그들에게 대답하여 이르시되 하나님을 믿으라. 내가 진실로 너희에게 이르노니 누구든지 이 산더러 들리어 바다에 던져지라 하며 그 말하는 것이 이루어질 줄 믿고 마음에 의심하지 아니하면 그대로 되리라. 그러므로 내가 너희에게 말하노니 무엇이든지 기도하고 구하는 것은 받은 줄로 믿으라 그리하면 너희에게 그대로 되리라"
(마가복음 11:22-24)

믿고 의심하지 아니하면 우리가 구하는 기도가 이루어진다고 말씀하셨다. 믿고 의심하지 않아야 하는데, 하지만 우린 믿음이 없고 오히려 의심이 크다. 때론 기도하면서 의심까지 동시에 하기도 한다. '이 기도가 과연 언제 이루어질까?' 순간 집중력을 흐리게 만드는 의심이라는 공격이 나의 믿음의 크기에 대미지damage 를 준다. 암과의 싸움에 있어서도 마찬가지다. 항상 의심이라는 공격이 마치 거머리가 몸에 붙어 피를 빨아먹듯이 나의 믿음을 야금야금 빨아먹는다.

'혹시 암 크기가 줄지 않으면 어쩌지', '혹시 더 나빠지면?'

'혹시 또 다른 전이가 있으면…….'

나를 공격하고 나약하게 만드는 의심을 물리치기 위해 다시 선포해야 한다.

'나를 의심케 함으로 하나님을 믿는 믿음을 손상시키는 사탄은 떠나갈지어다!'

'하나님이 하실 것이다, 난 반드시 고쳐질 것이다.'

암을 치유하는 앎

한바탕 믿음과 확신으로 선포하고 나니 텅 빈 복도를 채웠던 어둠이라는 의심의 그림자가 사라지고 하나님과 믿음이라는 소망으로 채워졌다. 나는 병실로 되돌아가며 또 다시 선포한다.

'다 나았다… 믿음이 이긴다.'

승리의 기도를 뿌리며 다녀라!
어느새 악은 떠나가고
승리가 그 자리를 차지할 것이다.

십자가를 질 수 있나

새벽 내 귓가에 찬송 소리가 채워진다.

> "십자가를 질 수 있나 주가 물어보실 때
> 죽기까지 따르오리 저들 대답하였다
> 우리의 심령 주의 것이니 주님의 형상 만드소서
> 주 인도따라 살아갈 동안 사랑과 충성 늘 바치오리다"
> (찬송가 461장)

'하나님! 내 안의 무너진 하나님의 형상이 온전하고 깨끗한 모습으로 회복되게 해 주세요.' 하나님의 형상대로 만들어진 우리. 하나님 만드신 원래의 모습으로 회복되자.

조용한 시간 하나님을 묵상하며 찬송을 드려보라.
회복을 경험하게 된다.

암을 치유하는 앎

일상의 소중함

아프기 전에는 일상에 주어진 모든 것에 대하여 당연한 듯 살아왔다. 아니 주어지지 못한 것에 대하여 더 고민하며 살았을지도 모른다. 어떻게 하면 저것까지도 가질 수 있을까? 이번에는 이것 가져야지 하면서 말이다. 하지만, 질병과 함께 살다 보면 모든 것이 내 맘과 내 뜻대로 되지 않는 부분들이 참 많다. 내가 원하는 만큼 몸과 체력, 그리고 정신력이 따라주지 못하기 때문이다. 암환자들은 식사하는 것부터 그렇지 않은가? 맛있게 많이 먹고 싶은데 먹을 것이 앞에 있어도 갑자기 속이 메스꺼워지기 시작한다. 그래서 메스꺼움 방지 알약을 한 개 먹는다.

사람들과 마주 앉아 이런 저런 이야기를 오래 나누고 싶지만 어느새 피로가 몰려온다. 근력이라도 키우기 위해 운동을 하다 보면 금방 힘이 든다.

'예전에는 스쿼트_{앉았다 일어나기} 100번도 거뜬히 했는데 지금은 15번만 해도 힘드네…' 이런 일들이 누적되다 보니 일상에서 당연시하고 자연스럽게 했던 모든 것에 대해 조심스러워지고 어떻게 해야 할 것인가 생각을 한 번 더 해보게 된다. 예전에는 이런 걱정 같은 건 해보지 않고 살았었는데…….

'아! 난 주어진 일상들에 대해 당연한 듯 감사하며 살지 못했구나.'

> "항상 기뻐하라 쉬지 말고 기도하라 범사에 감사하라 이것이 그리스
> 도 예수 안에서 너희를 향하신 하나님의 뜻이니라" (데살로니가전서
> 5:16-18)

성경은 우리에게 항상 기뻐하고, 쉬지 말고 기도하고, 범사에 감사하며 살라고 말씀한다. 그리고 이것이 하나님이 우리에게 원하시는 그의 뜻이라고 한다. 너무나도 잘 아는 말씀이지만 이것을 삶에서 깨닫고 실천하는 것에는 방종해왔던 모습은 아닐까? 이 말씀을 알고 있지만, 아는 것 자체로 끝이었던 삶이었다.

위의 성경 말씀대로 살아왔다면 모든 것이 새롭게 내 눈에 비춰지고 다가왔을 텐데 난 그렇지 못했기 때문이다. 범사 in all circumstances, 즉 모든 환경이 아닌 어떤 특정한 환경 가운데에서만 감사를 나타낸 듯하다. 좋은 일, 내가 바라고 목표하던 일들이 이루어졌을 때나 내 소유가 넘쳐나거나, 원하는 것들이 순조롭게 '착착' 진행되고 있을 때 등… 내가 원했던 환경 속에서만 감사를 표현했던 것은 아닐까?

그래서 하나님은 다시 우리에게 깨닫고 회복하라는 시간으로 때론 고통도 불편함도, 내 지식으로 이해할 수 없는 시간도 허락하시

는 듯하다. 물 한 잔 시원하게 마시는 것도, 아침에 개운하게 벌떡 일어날 수 있는 힘도 감사한 일이다. 우리가 말하는 일상이라는 것을 거뜬히 살아낼 수 있는 것 자체가 감사다.

　당신의 삶 가운데 일상의 모든 순간에서 찾고 감사를 누리기 바란다. 너무 감사할 것이 많다. 우리는 다 감사해야 할 사람들이다.

매 순간 감사를 발견하라.

의지적인 깨움

"내 영혼아 깰지어다."

우리는 의식적으로 나를 깨워야 할 필요가 있다. 우리는 자꾸 잠들려고 하고, 잠자는 편안함 가운데 머물려고만 하는 무의식적 게으름이 있기 때문이다. 무기력과 쇠약함을 가져다 주는 질병과의 지루한 싸움을 하고 있는 환자는 자고 싶지 않아도 질병이 환자들의 의지를 잠재우려 한다. 깨어나려고 하는 의지에 발을 걸어 넘어뜨리기도 한다.

선지자 요나는 하나님의 말씀을 피해 니느웨Nineveh가 아닌 다시스Tarshishi로 도망갔다. 하나님의 말씀을 따라 믿음의 의지에 따라 그 길을 가는 것이 아닌 내 감정, 내 편안함을 쫓아 다시스라는 곳으로 내려간 것이었다. 그리고 요나는 하나님의 부르심을 피해 자꾸만 내려간다. 다시스로 내려가고, 그 길에서도 배 아래층으로 내려가고, 바닷물 속으로 내려가고, 결국 큰 물고기 배 속에서 가장 깊은 곳까지 내려가버렸다.

우리는 가만히 내버려두면 자꾸 내려가려 한다. 암환자는 무기력한 처짐이 몸 속에 있다. 기운을 내려 해도 자꾸 처진다. 자꾸 눕고 싶고, 먹기 싫고, 그러다 보면 근력도 다 빠지고 의지적인 힘도 소진된다. 하지만, 하나님은 우리를 일으켜 세우시고 올려주기 원한다는 사실이다. 그래서 하나님은 이런 우리를 또 깨우신다. 독수리가 날갯짓하며 올라가는 것처럼 우리의 몸과 마음을 올려 주시기 원한다.

"일어나. 내가 힘을 줄게", "나 여호와께 힘을 구하거라."

"독수리처럼 날개 쳐 올라갈 오늘 살아갈 힘을 너에게 주마."

기도로 깨우라. 말씀 선포로 깨우라. 아픈 곳에 손을 얹고 기도하라. 할렐루야! 난 오늘도 새 힘을 얻어 아침 산책을 나간다.

힘든가? 쓰러질 것 같은가? 잠들려 하는가?
깨우라.
기도로, 찬송으로, 하나님 의지하는 그 믿음으로….

사랑스러운 존재

너무 많은 사랑을 받고 있다. 너무 많은 기도의 응원과 위로, 격려, 은혜, 사랑 등 말로 다 표현할 수 없는 하나님 부어 주시는 은혜와 채우심이 성도들로 채워진 교회라는 모습으로 움직이고 있는 것이다. 난 한순간 생각해본다.

'내가 이렇게 과한 사랑을 받아도 되는 존재일까?'

하나님은 우리를 너무 사랑하셔서 먼저 찾아 주시고 자녀 삼아 주셨다. 자녀 삼으시고 아빠 아버지라 부르도록 하셨다.

> "너희가 아들이므로 하나님이 그 아들의 영을 우리 마음 가운데 보내사
> 아빠 아버지(Ἀββᾶ ὁ Πατήρ) 라 부르게 하셨느니라" (갈라디아서 4:6)

우리가 "자녀 되었다"라는 것은 아버지의 책임 아래 들어갔다는 말과도 같다. 하나님이 아버지 되시니 우리의 모든 것을 책임져 주시겠다는 약속과도 같다. 바로 아버지의 사랑으로 아버지의 보호하심으로 자녀 된 우리를 책임져 주신다.

병중에 있으면서 하나님께서 발견하도록 하신 것은 사랑이 가장 강하다는 모습이다. 많은 사람들이 말한다. 교회에 사랑이 없다! 교회는 가식적이다! 교회는 이렇고, 교회는 저렇고, "쯧쯧쯧" 하며

암을 치유하는 앎

혀를 찬다. 교회는… 또 할 말이 있는가? 잠시 접어두라. 불평의 마음은 있던 사랑도 없게 만들어 내게 손해를 만들기 때문이다.

목회자로 살면서도 나도 가끔 이와 비슷한 의심을 해보기도 했다.

'난 얼만큼의 사랑을 가지고 있을까? 과연 교회는 세상을 품을 만큼 사랑을 가지고 있을까?'

지금도 넘치는 사랑으로 많은 성도들의 기도와 물질, 위로와 격려 등 채워 주심을 통해 병마와 싸우고 있다. 성도들의 사랑이 나를 계속 울린다.

'너무 감사하다. 깨닫지 못했는데……:'

이 일을 통해 하나님은 내가 바라지 않은 것까지도 계획하시고 회복하도록 하시기 때문이다. 이제는 감히 말할 수 있다. 하나님은 사랑이시고 교회는 사랑으로 채워지고 세워져 가는 하나님의 뜻이라는 것이다.

세상에 상처받고 위로가 필요한 사람들아! 하나님을 만나고, 하나님의 사랑받고 부름 받은 자녀들로 세워진 교회로 살아가길 바란다. 세상이 주지 못하는 것으로 인하여 낙심하지 말라. 하나님의 위로와 사랑, 채우심을 발견한다면 하나님은 내가 사랑받는 존귀한 존재임을 스스로 깨닫게 만들고 다시 회복시켜 주실 것이다.

나는 사랑스러운 존재입니다.
당신도 사랑스러운 존재입니다.
우리는 모두 사랑스러운 존재 됩니다.

약할 때 강함 주시네
—You are my all in all

기도하며 듣고 있는 찬양이 연약한 내게 힘을 준다. 찬양의 가사는 이렇다.

약할 때 강함 되시네 나의 보배가 되신 주
주 나의 모든 것
쓰러진 나를 세우고 나의 빈 잔을 채우네
주 나의 모든 것
예수 어린 양 존귀한 이름
예수 어린 양 존귀한 이름

인간은 연약한 존재다. 손톱에 가시 하나만 박혀도 손가락이 퉁퉁 붓고 열이 올라 아무것도 하지 못할 정도로 연약하다. 혹시라도 음식을 급하게 먹다 체하기라도 하면 소화를 못 시켜 하루 종일 끅끅 대며 지내기도 한다.

'나에게 허락된 몸이지만 내 몸하나 온전히 지켜낼 수 없을 정도로 연약한 것이 인간 아닌가!'

암을 치유하는 앎

하나님이 다행히 우리의 연약함을 아시고 스스로 자생하고 회복할 수 있는 몸의 기능을 주셨다는 것이 경이롭고 감사할 따름이다. 그러나 인간은 스스로의 연약함을 인정하려 들지 않고 스스로 강한 척하며 하나님의 능력과 창조성을 부인하며 살아왔다. 하나님의 존재를 부정하며 인간 스스로 가장 높은 자리에 앉기 위해 강함이라는 옷을 입고 살아왔던 것이다. 성경의 누가복음에는 탕자 이야기 the prodigal son 가 나온다.

누가복음 15:11-24

11. 또 이르시되 어떤 사람에게 두 아들이 있는데
12. 그 둘째가 아버지에게 말하되 아버지여 재산 중에서 내게 돌아올 분깃을 내게 주소서 하는지라 아버지가 그 살림을 각각 나눠 주었더니
13. 그 후 며칠이 안 되어 둘째 아들이 재물을 다 모아 가지고 먼 나라에 가 거기서 허랑방탕하여 그 재산을 낭비하더니
14. 다 없앤 후 그 나라에 크게 흉년이 들어 그가 비로소 궁핍한지라
15. 가서 그 나라 백성 중 한 사람에게 붙여 사니 그가 그를 들로 보내어 돼지를 치게 하였는데
16. 그가 돼지 먹는 쥐엄 열매로 배를 채우고자 하되 주는 자가 없는지라
17. 이에 스스로 돌이켜 이르되 내 아버지에게는 양식이 풍족한 품꾼이 얼마나 많은가 나는 여기서 주려 죽는구나
18. 내가 일어나 아버지께 가서 이르기를 아버지 내가 하늘과 아버지께 죄를 지었사오니
19. 지금부터는 아버지의 아들이라 일컬음을 감당하지 못하겠나이다 나를 품꾼의 하나로 보소서 하리라 하고

20. 이에 일어나서 아버지께로 돌아가니라 아직도 거리가 먼데 아버지가 그를 보고 측은히 여겨 달려가 목을 안고 입을 맞추니

21. 아들이 이르되 아버지 내가 하늘과 아버지께 죄를 지었사오니 지금부터는 아버지의 아들이라 일컬음을 감당하지 못하겠나이다 하나

22. 아버지는 종들에게 이르되 제일 좋은 옷을 내어다가 입히고 손에 가락지를 끼우고 발에 신을 신기라

23. 그리고 살진 송아지를 끌어다가 잡으라 우리가 먹고 즐기자

24. 이 내 아들은 죽었다가 다시 살아났으며 내가 잃었다가 다시 얻었노라 하니 그들이 즐거워하더라

아버지의 재산으로 부유하고 힘있게 자라나 살던 아들은 어느 날 아버지에게 자신 몫의 재산을 요구한다. 아마도 아버지께 받은 재산을 가지고 세상에 나가 떵떵거리며 강한 자의 모습으로 살려고 했을 것이다. 하지만, 아버지를 떠난 아들의 모습은 모든 재산을 탕진하고 돼지들이 먹는 음식조차도 먹을 수 없는 가장 낮고 약한 자리로 가게 되었다. 그 순간 아들은 그 자리에서 깨닫게 된다.

'아버지의 품으로 돌아가자!'

비록 아버지의 자녀로 살지 못할지라도 돌아가야 한다는 것이 그가 찾은 회복의 길이었다. 그리고 그가 돌아왔을 때 기다리던 아버지는 달려가 돌아온 아들을 안아주고 더 없는 기쁨을 표현하였다. 아들은 이후 아버지께서 다시 입혀 주시는 옷과 아버지의 사랑과 능력으로 아들의 신분을 회복할 수 있게 된다.

우리는 탕자와도 같다. 내가 세상 잘 살아가고 있는 것 같지만 사

실 이 모든 것을 주시고 사용하도록 허락하신 분은 하나님이시다. 내 능력으로 살수 있는 것 같지만 그것은 내 능력 아닌 아버지의 능력이라는 것 과도 같다. 이 사실을 알지 못하고 기억하지 못하기 때문에 능력을 허락하시고 주신 이를 잊어버렸기에 우린 약자의 모습에서 벗어날 수 없게 된다. 그것은 바로 강한 척하는 약자의 모습인 것이다. 하지만 나의 연약함을 깨닫고 '모든 것이 아버지 되신 하나님이 허락하신 것이다'라는 것을 발견하는 순간부터 우리는 내 능력이 아닌 그의 능력으로 다시 강함을 입게 될 수 있다. 바로 나의 약함을 아버지의 능력 안에서 발견하는 순간부터 시작되는 것이다. 내 능력이 아닌 하나님의 능력으로 말이다.

질병은 사람을 연약하게 만든다. 하지만 질병은 하나님의 능력을 다시 깨닫고 발견하는 은혜를 주기도 한다. 그리고 이제껏 건강하게 살 수 있던 것도 아버지의 지켜 주심과 능력으로 건강할 수 있었다는 사실을 깨달을 수 있는 시간과도 같다.

'그럼 이제 우리가 할 일은 무엇일까?'

바로 아버지의 능력으로 회복되기를 구하고 그에게 나아가는 것이다. 그럼 낫는다.

회복되고 이전보다 더 강건함으로 살아갈 힘과 능력을 하나님은 반드시 우리에게 주실 것이다.

아픔 가운데 있는 당신!
아버지를 붙잡아 다시 강해지세요.

동행

항암제를 맞을수록 아침에 일어나는 몸이 무겁다. 어제는 잠들 때 구토가 생겨서 참고 자느라 더 힘들었다. 아침에 일어나 무기력해진 내 몸과 영을 기도로 깨운다.

'하나님, 새로운 하루를 또 허락하셔서 감사합니다. 내 몸의 건강한 세포들을 깨워 살아나게 하시고 암세포는 사멸시켜 주세요.'

의자에 앉아 기도하는 중 부모님이 다가와 나의 배와 다리에 손을 얹고 함께 기도를 해 주신다. 배와 다리에 얹은 부모님의 손이 뜨겁다. 그리고 어느덧 내 다리에 일어날 힘이 생겨난다. 그리고 부모님과 함께 아침 산책을 나갔다. 아침 공기가 차갑지만 메스꺼운 속을 달래듯 상쾌함이 내 몸을 채운다. 그리고 소소한 일상의 감사를 부모님과 나누며 함께 산책을 하였다. 미국에 계신 부모님이 여기까지 오셔서 이 아침길을 함께 동행해 주신다는 것에 마음이 든든하고 따뜻한 감사가 넘쳤다. 성경을 살펴보면 하나님과 동행하는 삶에 관하여 말씀을 한다.

창세기 5:21-24

21. 에녹은 육십오 세에 므두셀라를 낳았고

22. 므두셀라를 낳은 후 삼백 년을 하나님과 동행하며 자녀들을 낳았
으며
23. 그는 삼백육십오 세를 살았더라
24. 에녹이 하나님과 동행하더니 하나님이 그를 데려가시므로 세상
에 있지 아니하였더라

에녹은 하나님과 삼백 년을 동행하고, 하나님은 그것도 모자라 그의 곁으로 데리고 가셨다고 한다. 과연 어떤 동행이었을까? 그리고 하나님께서 그 동행이 얼마나 기쁘고 좋으셨기에 데려가시기까지 하셨을까?

동행은 "같은 행동"을 말한다. 길을 동행한다는 것은 같은 방향을 향해 동일한 행동과 속도로 맞추어 걸어가는 것이다. 우리가 하나님과 동행한다는 것은 하나님 바라보시는 그 방향을 바라보며 하나님과 속도를 맞추어 행동하는 모습과도 같다.

지금 나와 함께 걷고 계신 부모님은 느려진 나의 걸음 속도에 맞추어 동행하고 계신다. 지금 이 순간은 내가 가고 싶은 곳 어디라도 함께 손잡아 데려가고 싶은 마음이기 때문이다. 조금이라도 힘들어 멈춰 있기라도 하면 같이 발걸음을 멈추어 날 기다려 주시고, 다시 걸을 수 있도록 나를 붙들어 부추겨 주시기도 한다.

'혹시 하나님이 이런 마음 아니셨을까?'

'너무 사랑하기 때문에 어디라도 데려가 가장 귀하고 좋은 것을 누리고 만나게 해주고 싶으셨기에 하나님이 놓지 않고 데려가신

암을 치유하는 앎

것 아닐까?' 나의 부모님처럼 말이다. 하나님과 동행하라. 힘이 생겨난다.

고통 가운데 계신 힘든 영혼들이여.
하나님이 부축하고 일으켜 주심을 간구하세요.
하나님이 옆에서 손잡아 함께 걸어가는 것만으로도
가장 든든하고 아름다운 삶을 경험할 수 있습니다.
여러분의 가는 길!
하나님과 언제나 함께하는 아름다운 동행이 되길…

감사

오늘 하루도 감사하다

눈 뜨면 감사하다

밥을 맛있게 먹을 수 있으니 감사하다

'또로로록' 도랑에 물 흘러가듯 배 속에서 이상한 소리 나는 이 순간 조차도 감사하다

내 대장이 아직 막히진 않았으니까

변을 볼 수 있음을 감사하다

아픔을 통해 내 시간을 되돌아볼 수 있음을 감사하다

아픔을 통해 멀리 내다보지 않고 지금의 순간에서 행복을 찾을 수 있는 능력 주심에 감사하다

눈물이 흐르게 하시는 주님의 은혜가 감사하다

하나님 주시는 마음을 글로 써서 나눌 수 있음에 감사하다

사랑을 깨닫게 해 주시니 감사하다

따뜻함을 나눌 수 있어 감사하다

일어날 소망을 주시니 감사하다

내일을 또 기대할 수 있음에 감사하다

감사가 넘친다

암을 치유하는 앎

그리고 모든 것이 다 주님의 은혜다

감사하며 살기를…

감사가 계속 생각나고 기억되기를…

족욕

암환자는 혈액순환이 잘 되지 않아 몸이 차가운 증상이 있다. 그래서 따뜻한 물을 자주 마시는 등 몸을 따뜻하게 해주어 혈액순환이 잘 되어지도록 해야 한다. 혈액순환을 돕기 위해 형이 보내준 발지압기를 사용하고 별도로 족욕기를 구매했다. 소파에 앉아 발을 지압한 후 식탁에 앉아 족욕기에 따뜻한 물을 넣고 차가운 내 발을 담갔다. 서서히 시간이 지나면서 이마에는 땀방울이 성글성글 맺히며 따뜻한 온기가 내 몸을 덮어갔다. 순간 예수님께서 제자들의 발을 만져가시며 닦아 주신 모습이 떠오른다. 성경을 살펴보면 예수님께서 제자들의 발을 씻어 주시는 장면이 나온다.

요한복음 13:1-11

1. 유월절 전에 예수께서 자기가 세상을 떠나 아버지께로 돌아가실 때가 이른 줄 아시고 세상에 있는 자기 사람들을 사랑하시되 끝까지 사랑하시니라
2. 마귀가 벌써 시몬의 아들 가룟 유다의 마음에 예수를 팔려는 생각을 넣었더라
3. 저녁 먹는 중 예수는 아버지께서 모든 것을 자기 손에 맡기신 것과 또 자기가 하나님께로부터 오셨다가 하나님께로 돌아가실 것을

암을 치유하는 앎

아시고

4. 저녁 잡수시던 자리에서 일어나 겉옷을 벗고 수건을 가져다가 허리에 두르시고

5. 이에 대야에 물을 떠서 제자들의 발을 씻으시고 그 두르신 수건으로 닦기를 시작하여

6. 시몬 베드로에게 이르시니 베드로가 이르되 주여 주께서 내 발을 씻으시나이까

7. 예수께서 대답하여 이르시되 내가 하는 것을 네가 지금은 알지 못하나 이 후에는 알리라

8. 베드로가 이르되 내 발을 절대로 씻지 못하시리이다 예수께서 대답하시되 내가 너를 씻어 주지 아니하면 네가 나와 상관이 없느니라

9. 시몬 베드로가 이르되 주여 내 발뿐 아니라 손과 머리도 씻어 주옵소서

10. 예수께서 이르시되 이미 목욕한 자는 발밖에 씻을 필요가 없느니라 온 몸이 깨끗하니라 너희가 깨끗하나 다는 아니니라 하시니

11. 이는 자기를 팔 자가 누구인지 아심이라 그러므로 다는 깨끗하지 아니하다 하시니라

주님의 섬겨 주심은 우리를 뜨겁게 한다. 주님의 온도가, 주님의 사랑이 차갑게 식어가는 우리 몸을 데워 주신다. 내 몸에 혈액이 잘 순환이 되어 몸을 따뜻하게 하는 것처럼 말이다. 이 모습은 우리에게 다시 알게 하신다. 차가운 세상 가운데 주님의 사랑이 따스하게 흘러가도록 그리스도인들이 섬기며 살 것을 보여주신 것이다.

혹시 차가운 심령으로 세상을 살아가고 있다면 먼저 여러분의

발을 따뜻한 온기로 만져 주길 바란다. 주님이 만져 주신 것처럼 내 발끝에서부터 온기가 우리 마음에 전해지도록 뜨겁게 하는 것이다. 그리고 따뜻한 모습으로 세상을 훈훈하게 할 수 있도록.

"개발에 땀나다"라는 속어가 있다.
무엇이라도 열심히 하려고 뛰는 모습을
개_{dog}들이 열심히 뛰는 모습에 빗대어
표현한 것이다. 이 순간 내 몸이 차갑고
내 마음이 차가운가?
뛰어라! 그리고 열을 내어라!
열정이 피어 오르도록!

암을 치유하는 앎

기도의 동역자들

나는 어떤 무기를 가지고 세상을 살아가고 있을까? 많은 사람들에게 세상 잘 살기 위해 갈고 닦는 무기들이 있다면 날카로운 칼처럼 잘 다듬어진 스펙, 아주 강력한 폭탄과 같은 인맥, 정교하고 논리적으로 짜이고 다듬어진 언변 등과 같이 더 잘 싸우기 위해 나만의 날카로운 칼을 다듬으며 살고 있을지 모른다. 하지만, 성경은 잘 다듬어진 칼이 없어도 능히 이길 수 있는 승리를 보여주고 있다. 사무엘상 17장을 보면 소년 다윗이 마치 넘을 수 없는 거대한 산과 같은 골리앗이라는 존재를 만나 싸우는 장면이 나온다.

사무엘상 17:45-50

45. 다윗이 블레셋 사람에게 이르되 너는 칼과 창과 단창으로 내게 나아 오거니와 나는 만군의 여호와의 이름 곧 네가 모욕하는 이스라엘 군대의 하나님의 이름으로 네게 나아가노라

46. 오늘 여호와께서 너를 내 손에 넘기시리니 내가 너를 쳐서 네 목을 베고 블레셋 군대의 시체를 오늘 공중의 새와 땅의 들짐승에게 주어 온 땅으로 이스라엘에 하나님이 계신 줄 알게 하겠고

47. 또 여호와의 구원하심이 칼과 창에 있지 아니함을 이 무리에게 알게 하리라 전쟁은 여호와께 속한 것인 즉 그가 너희를 우리 손

에 넘기시리라

48. 블레셋 사람이 일어나 다윗에게로 마주 가까이 올 때에 다윗이
블레셋 사람을 향하여 빨리 달리며
49. 손을 주머니에 넣어 돌을 가지고 물매로 던져 블레셋 사람의 이
마를 치매 돌이 그의 이마에 박히니 땅에 엎드러지니라
50. 다윗이 이같이 물매와 돌로 블레셋 사람을 이기고 그를 쳐죽였으
나 자기 손에는 칼이 없었더라

어린 양치기 소년 다윗이 전쟁의 명수 거인 골리앗을 맞서서 싸
운다는 것의 결과 자체가 불을 보듯 뻔한 싸움이었다. 더욱이 다윗
은 골리앗을 향해 날카롭게 갈아진 칼이 아닌 물맷돌을 들고 나간
다. 이것을 성경은 "그의 손에 무기가 없더라"고 표현을 한다.

'어이없는 모습이다. 전쟁에 무기 없이 나가다니⋯.'

하지만, 우리가 보지 못한 것이 있었다. 그가 가진 무기는 이 세
상이 가질 수 없는 가장 강력한 단 하나의 무기였었다. 그 무기는
바로 "여호와의 이름"이었다. 여호와의 이름이라는 믿음과 기도의
갑옷으로 무장한 다윗은 세상 어떤 누구보다도 강한 존재로 무장
했다는 사실이다. 나는 감히 말할 수 있다. 하나님을 믿고 의지하
는 백성에게 기도는 가장 강력한 무기라는 것이다. 내가 세상을 향
해 싸워 이길 수 있는 무기이고 암투병을 하며 암과 싸워 이길 수
있는 가장 날카로운 무기가 하나님의 이름으로 부르짖는 기도이다.

기도로 힘을 함께 하겠다는 많은 기도의 동역자들이 생겨났다.
기도는 여호와 하나님의 이름으로 드리는 성도의 고백이며 성도는

기도가 가장 강력한 무기라는 것을 알고 있는 군사들이다. 나는 기도로 무장하고, 기도하는 강력한 군사들이 함께 하고 이 모든 승리를 이끌고 계획하시는 하나님이 앞장서신다는 사실만으로 가장 연약한 자에서 가장 강력한 사람이 되어버렸다.

연약한가?
강함 주시는 하나님의 이름으로 기도하라.
아픈 환우들을 위해 기도로 힘을 더하자…

청국장

잘 발효된 콩은 암환자에게 좋은 음식이 될 수 있다. 많은 단백질을 함유하고 또한 사포닌 saponin 과 같은 암을 예방하고 항산화기능 antioxidant function 을 촉진시키는 영양소가 있기 때문이다. 어느 날 형이 생청국장을 집으로 보내주었다. 그리고 잘 숙성된 생청국장을 약으로 생각하며 처음 먹게 되었다. 간장도 넣고, 연겨자도 넣고, 잘 먹기 위해서 볶은 김치와 밥을 함께 넣어 비벼 먹어 보기도 한다. 내 입맛에 맞는 모양과 맛은 아니다. 첫 맛이 거북스럽고 먹을수록 맛을 음미하기보다는 그냥 삼켜버리기도 했다. 하지만, 난 오늘도 건강해지기 위해, 살기 위해 생청국장을 먹는 식단을 내 스케줄에 넣어 놓았다. 건강해지기 위해서.

하나님을 믿고 교회에 다니면서 항상 좋은 일만 있는 것은 아니다. 교인에게 실망할 수도 있고, 그 실망이 커져서 자꾸 쌓여가다 보면 원망과 불평은 곧 하나님께로 향하기도 한다. 그래서 결국 교회를 떠나기도 한다. 그리고 이제 내 눈에 보기 좋고 입맛에 맞는 교회를 찾아본다. 하지만 이것도 썩 내키지 않는다. 내 안에 하나님과 교회에 대한 독 toxin 이 쌓여가고 있고 병들어가는 모습이다. 그리고 결국 신앙을 버리고 세상 가운데 하나님과 교회의 반대자로 살아가는 모습도 있게 된다.

'어디서부터 잘못된 것일까? 내 입맛이 문제다. 입맛이.'

내 입맛에 맞는 것만 먹으려 하다 보니 건강을 유지하기보다 병을 키울 때가 많은 것이다. 진정한 맛을 느끼고 음미하기보다는 억지로 삼키다가 체하기도 하는 것처럼 말이다.

우리 신앙도 마찬가지다. 입맛에 맞는 하나님과 교회를 찾다 보니 진정한 하나님을 만나고 그의 능력과 은혜, 사랑 등 하나님이 가지고 계신 무한함을 맛보고 느끼기도 전에 입맛과 모양대로 평가해버리기 때문은 아닐까? 하나님 안에는 세상이 가져다 주는 그 어떤 것보다도 건강하고 아름다운 것들이 많은데도 그 맛과 영양을 온전히 누리지 못하는 사람들이 많은 것이다.

> "너희는 여호와의 선하심을 맛보아 알지어다 그에게 피하는 자는 복
> 이 있도다(Taste and see that the LORD is good)" (시편 34:8)

성경의 시편 34:8에서는 여호와의 선하심 goodness 을 입으로 그리고 눈으로 알라고 말씀한다. 하나님의 좋은 것 the Lord's goodness 이 그의 안에 충만하기 때문이다.

놀랍지 않은가! 하나님께 좋은 것들이 넘쳐나는데… 그런 하나님이 우리 아버지 되신다는데 말이다. 하지만, 이것을 발견하지 못하고 누리지 못한다는 것이 안타까운 것이다.

생청국장을 먹으면서 새롭게 발견하게 되었다. 냄새가 좋지 않고 맛이 이상하다는 생각과 편견에서 벗어나 제대로 맛을 느끼기 위해 힘쓰는 내 모습이었다. 우리 신앙도 입맛에 잘 안 맞을 수 있다. 그래도 좋은 것이 많기 때문에 어떡하든 맛을 느끼고 잘 먹기 위해 이 모양 저 모양으로 힘써 보기 바란다. 그 안에는 좋은 것들이 많기 때문이다. 그리고 하나님께서는 그의 좋은 것들을 맛보게 해 주실 것이고 이전보다 더 맛있게 먹여 주실 것이기 때문이다.

먹기 좋고 보기 좋은 것만 추구했던
내 입맛을 버리고 하나님을 한번 맛보세요.
기가 막힙니다 그리고 좋은 것이 넘쳐 납니다.
꼭 한번 맛보세요.
추천 맛집입니다.

암을 치유하는 앎

너무 걱정 말아요

미국에서 손주를 보러 오신 부모님과 함께 지낸 지 2개월 가까이 지나간다. 하나님의 타이밍은 놀랍다. 아기를 3년 만에 보러 오셨다가 아들의 암선고를 듣고 병간호를 해 주시게 되다니……

'미국에서 아들의 아픈 소식을 들었다면 얼마나 가슴이 아프고 찢어질 일인가!'

하나님은 이것도 계획 안에 넣으셨던 것이다. 좋으신 하나님이시니까. 하지만 만약 믿음이 없다면 이렇게 해석할 일이다.

'아니 3년 만에 아기를 보러 오고, 코로나19 속에서도 비싼 돈 주고 비행기표 사고, PCR검사는 또 왜 이렇게 많은 거야……' 부모님

이 찾아오신 때는 2021년 11월이었다.

한국 방문을 위해 약 2년간 스케줄을 계획하고 변경하면서 비행기표를 예약하고 취소하기도 여러 번……

'내가 이렇게 힘들게 왔는데 좋은 기억만 가지고 가야 하는데 말이야. 왜 이런 일이 생겨!'

이렇게 불평할 수도 있을 것이다. 하지만 우리 가족은 감사가 더 흘러나왔다. 하나님의 선하심을 우린 알고 있었기 때문이었다. 그리고 부모님은 감사로 해석하여 고백을 드린다.

"참 다행이야. 우리가 옆에 있을 때 이 소식도 듣고 따뜻하게 아들 배도 문질러 줄 수 있으니 말이야." 또 웃으시며 말씀해 주신다. 하지만, 또 다른 한편으로는 이제 미국으로 다시 돌아갈 생각에 부모님 마음에 걱정이 문을 두드린다.

'우리가 돌아가면 아픈 아들은 어쩌지?'

이사야 43:18-21

18. 너희는 이전 일을 기억하지 말며 옛날 일을 생각하지 말라
19. 보라 내가 새 일을 행하리니 이제 나타낼 것이라 너희가 그것을 알지 못하겠느냐 반드시 내가 광야에 길을 사막에 강을 내리니
20. 장차 들짐승 곧 승냥이와 타조도 나를 존경할 것은 내가 광야에 물을, 사막에 강들을 내어 내 백성, 내가 택한 자에게 마시게 할 것임이라
21. 이 백성은 내가 나를 위하여 지었나니 나를 찬송하게 하려 함이니라

이사야 43장을 보면 "이전 일을 기억하지 말며 옛날 일을 생각하지 말라" 하시면서 "새 일을 행하겠다" 약속을 주신다. 그 다음도 읽어보자. "광야에 길을 사막에 강을" 내신다고 한다.

하나님이 하시는 일은 우리의 생각과 지식의 범주를 뛰어 넘는다. 인간의 생각은 한계적이고 물질만능사회를 살면서 손익계산에 의한 생각과 판단을 많이 하게 된다. 그래서 믿음에 기준을 둔 생각보다는 손익과 나에게 효율적인 것에 기준하여 생각하며 살다 보니 하

나님의 능력과 하실 일에 대해 기대와 믿음이 떨어지게 되는 것이다. 이스라엘 백성들도 마찬가지였다. 하나님이 함께 하심에도 불구하고 하나님의 일하심과 계획하심을 보지 못하였던 것은 세상이 만들어준 생각이 하나님을 바라보는 믿음 위에 있었기 때문이다. 그래서 우린 생각하는 순서를 바꾸면 지금과 같은 불안과 염려 가운데 벗어날 수 있는 힘을 얻게 된다. 하나님을 바라보는 믿음의 생각에 우선권 priority 을 두는 것이다.

부모님의 염려는 당연하다. 부모로서 아픈 자식을 두고 어떻게 먼 길을 가는 발걸음이 떨어지겠는가! 하지만 염려 말아라. 새 일을 행하실, 광야에 길을 사막에 강을 만드실 하나님이 옆에 계시기 때문이다. 부모님의 마음을 위로하며 난 자식으로서 부모님께 평안을 기도해드린다.

"엄마 아버지, 걱정 말아요. 평안한 마음으로 미국으로 돌아가셔도 돼요." "엄마 아버지가 믿고 의지하는 그분이 바로 내 하나님 아버지이시기 때문이에요."

우린 서로의 가슴을 쓰다듬으며 평안을 기도해 준다. 우리 가족 모두가 하나님 덮어 주시는 평안 가운데 머무른다.

Peace be with you! 모두 평안하세요……

평안을 빌어 주라.
하나님이 함께 하시니 걱정 말아라!

뽀로로 포크레인

아기 장난감이 필요해서 부모님, 아내, 아기와 함께 장난감 가게를 찾아갔다. 진열되어 있는 수많은 장난감 가운데 아기의 눈을 사로잡은 것은 뽀로로 아기들이 좋아하는 캐릭터 가 그려진 포크레인자동차였다. 아기는 장난감을 보자마자 포크레인자동차에 올라타더니 더없이 행복한 표정으로 자동차를 만져가며 가게 안을 이리저리 돌아다녔고 결국 우리는 포크레인자동차를 사서 집으로 오게 되었다. 집으로 오는 도중 어머니가 말씀을 한다.

"이야! 우리 아기는 영성이 있어. 어떻게 그토록 많은 장난감 중에서도 여자아기가 포크레인자동차를 골랐을까? 아마도 아빠 몸속의 암덩어리들을 포크레인처럼 다 퍼내서 가져다 버리려는 거구나!" 이렇게 말씀하시는 거였다. 순간 나는 깨달았다.

'맞아 우리는 모든 순간을 믿음으로 해석하며 살아가야지.'

세상을 이해하고 바라보는 많은 해석이 있다. 우리는 과연 어떤 해석으로 세상을 살아가고 있을까? 히브리서 11장에서 우리에게 세상을 바라보도록 주시는 하나님의 말씀이 있다.

암을 치유하는 앎

히브리서 11:1-3

1. 믿음은 바라는 것들의 실상이요 보이지 않는 것들의 증거니
2. 선진들이 이로써 증거를 얻었느니라
3. 믿음으로 모든 세계가 하나님의 말씀으로 지어진 줄을 우리가 아나니 보이는 것은 나타난 것으로 말미암아 된 것이 아니니라

그렇다. 보이는 것에 시선이 한정되어 살아가고 있기 때문에 살아 계신 하나님이심에도 불구하고 내 눈에 보이지 않는다는 이유 하나만으로 하나님의 존재 자체를 부정하는 사람이 많지 않은가. 왜냐하면 눈에 보이는 것만 이해하고 해석하려는 모습이 더 많기 때문이다. 이 때 우리는 믿음의 해석력을 키우는 능력이 필요하다. 히브리서의 말씀처럼 "믿음으로".

모든 상황을 하나님을 믿는 믿음으로 해석할 때 우리의 시선 너머의 바라보지 못한 것들을 볼 수 있게 된다. 그렇다. 고통이라는 상황은 우리의 시선을 약한 것에 고정시키고 그 안에서 뱅뱅 돌며 그 이상의 것을 해석하지 못하도록 한다. 하지만, 하나님을 바라보는 믿음의 해석능력은 그 이상의 것을 기대하고 소망할 수 있도록 힘을 주신다. 하나님은 그것을 "시험test or trial"이라는 모습으로 우리에게 허락하시기도 한다.

혹시 고통과 어려움 가운데 그 이상의 것, 아니 그 속에 숨겨진 것을 해석하고 보지 못한다면 하나님 바라보는 믿음의 해석능력을 더욱 키워가기 바란다. 믿음의 해석은 하루가 걸릴 수도, 오랜 인생

을 살고 난 이후에도, 하나님이 해석할 수 있도록 기다리시고 주시는 시간이 있을 것이다. 현재의 한계상황에 머무르지 말고 믿음의 해석으로 한 걸음 더 도약하는 능력의 성도들 되시길…….

"아가야 고마워. 포크레인자동차를 선택해줘서. 그래! 포크레인으로 내 몸 속에 머문 암덩어리들을 다 퍼내어 버리자."

나보다 훨씬 영성 있는 우리 아기 사랑해…….

믿음의 해석은 길이 보이지 않는 현실에
길을 내어주는 능력이 있다.
어두컴컴한가?
눈을 크게 떠도 보이지 않는가?
믿음으로 볼 때다.
믿음으로 보면 길이 보인다.

암을 치유하는 앎

새벽

오늘도 새벽4시가 지나자 하나님은 어김없이 나를 깨워 주신다. 눈을 뜨자마자 오늘도 배에 손을 얹고 선포의 기도를 드렸다. 하나님은 선포로 기도할 때 마다 이미 승리한 확신을 주고 계시기 때문이다. 사실 그동안 나는 한국에 돌아와 새벽을 잘 깨우지 못했다.

'미국에서는 새벽의 기도와 묵상의 시간을 참 즐겼는데…' 누구보다 일찍 일어나 새벽 성전으로 달려가 기도하고 새벽예배 후의 아침식사를 기뻐했는데 말이다.

'그런데 왜 이 기쁨을 잃어버렸을까? 달라진 환경과 내 마음 때문일까?'

몸이 나빠진 이유도 있겠지만 내 안의 하나님을 찾아가는 그 의지와 마음이 사라진 이유일지도 모른다. 그래서 한국에 와서는 이런 기쁨을 잘 누리지 못하며 살았었다. 하지만 하나님께서는 이런 잃어버린 기쁨까지도 함께 회복시켜 주고 계신다. 새벽을 깨워 따뜻한 물한잔과 함께 하나님의 말씀과 은혜를 묵상하고 글을 쓸 수 있게 해주시는 것 자체가 내게는 너무나도 큰 은혜다. 어젯밤도 평안하게 잘 수 있게 해주시고 아침을 가볍게 일어날 수 있게 해 주신 것만해도 감사한데 새벽의 시간에 기도와 하나님의 은혜를 묵상하며 글까지 쓸 수 있는 감동을 주고 계시니 이 얼마나 큰 은혜인가! 하지만 묵상에서만 끝나지 마라. 묵상 가운데 주시는 하나님의 은혜를 기록해보라. 묵상의 능력은 배가 될 것이기 때문이다.

시편 57:7-11

7. 하나님이여 내 마음이 확정되었고 내 마음이 확정되었사오니 내가 노래하고 내가 찬송하리이다
8. 내 영광아 깰지어다 비파야, 수금아, 깰지어다 내가 새벽을 깨우리로다
9. 주여 내가 만민 중에서 주께 감사하오며 뭇 나라 중에서 주를 찬송하리이다
10. 무릇 주의 인자는 커서 하늘에 미치고 주의 진리는 궁창에 이르나이다
11. 하나님이여 주는 하늘 위에 높이 들리시며 주의 영광이 온 세계 위에 높아지기를 원하나이다

극심한 고난 가운데 있는 다윗이 드린 기도이다. 사방에는 다윗을 대적하는 적들이 둘러싸여 있고 언제나 죽음의 위협이 다윗의 숨통을 조르며 다가오지만 그 때마다 다윗은 이미 마음에 확신을 가지고 하나님께 승리의 기도를 드렸다.

다윗의 마음이 하나님께 확정steadfast 되었다고 한다. 즉, 어떤 상황에서도 견고하게 세워진 산성처럼 흔들리지 않겠다는 고백이다. 그러면서 고난과 어려움 가운데 깊이 잠들어 버릴 수 있는 자신의 영혼을 하나님을 향한 굳은 믿음과 선포로 깨우는 것이다.

"내 영혼아 깰지어다… 내가 새벽을 깨우리로다."

암을 치유하는 앎

다윗은 고난 가운데 자신을 빠뜨릴 구덩이 속을 들여다보지 않았다. 그는 이미 구덩이에서 건져내 주신 하나님의 승리를 바라보며 찬양으로 영광을 돌렸기 때문이다. 그것도 모두가 잠든 아무도 깨어 있지 않는 순간에도 자신은 '하나님을 찾는 영광으로 깨어나 있겠다'라는 기쁨으로 무장을 했던 것이다. 이런 믿음의 다윗을 하나님이 그만 내버려 두시겠는가? 그렇지 않았다. 하나님은 결국 그를 승리로 이끌어 주셨고 그 어떤 이스라엘의 왕들보다도 마음에 기뻐하시는 자녀로 세워 주셨다는 사실이다.

암환자를 괴롭히는 항암제의 부작용과 체력소진으로 인한 무기력함은 수면도 괴롭히지만 아침을 깨워 일어나는 몸을 갈수록 무겁게 만들 것이다. 비록 그렇다 할지라도 모든 질병과 어려움 가운데 있는 영혼들이여! 하나님을 찾기 위해 새벽을 깨우기 바란다. 약해진 몸과 마음을 하나님께로 향해 굳건히 세우기 바란다. 새벽의 몸이 가벼울 것이다. 새벽이 기쁠 것이다. 새벽에 기쁜 찬송이 내 마음 깊은 곳에서부터 흘러나올 것이다. 모두 잠든 시간에 하나님을 잠잠히 찾아가는 내 영혼의 평안한 은혜와 힘을 하나님이 주시고 누릴 수 있을 것이다.

깨어나세요. 그리고 새벽을 통해
하나님 주시는 평안을 누리세요.
난 오늘도 새벽의 이 시간이 귀하고 귀하다…….

나팔을 불어라

　주일 오후 부모님의 친구분인 최 목사님께서 기도를 해주시기 위해 일산에서부터 1시간 40분 동안 지하철을 타고 집에 방문해 주셨다. 오셔서 자신의 뇌종양수술의 간증과 대장암에서 고침 받은 와이프 사모님의 간증을 나누었다. 말씀을 듣는 것 만으로도 힘과 용기, 감사가 더해졌다. 그리고 며칠 뒤 필리핀에서 부모님 친구 선교사님이 전화를 주시고 전화로 기도를 해 주신다. 여기저기서 연락이 오고 기도의 마음을 전해 주고 있는 것이다. 그런데 전화를 주시고 기도해 주시는 분들마다 한결같이 말씀하신다.

　"이미 이긴 싸움이에요."

　그렇다! 기도의 제목이 주어졌을 때 우린 어떤 마음으로 기도를 하고 있을까?

　우리의 기도는 "해 주세요!"의 기도가 많다. 때론 "이렇게 해주시면! 이렇게 할게요!"의 조건부 기도도 있을지 모른다.

　기도의 패턴을 한번 바꿔보자. 그것은 이미 승리한 기도를 드리는 것이다.

　"고쳐주세요"라는 고백이 "난 다 나았다"라는 고백으로 바뀌는 것이다. 그리고 "해 주세요"라는 고백이 "해 주셔서 감사해요"로 바

암을 치유하는 앎

뀌는 것이다. 하나님과 함께 하는 싸움이기에 우리는 이미 승리를 바라보며 승리 이후의 삶에 대해서 바라보는 것이다.

이제 나는 항암과의 시간을 고민하고 염려하기보다는 암치료가 끝난 이후의 내 모습을 바라보며 하나님이 내게 일하게 하실 사역을 기대하며 준비를 하고 있게 된다. 왜? 하나님이 이기게 해 주셨으니까. 하나님 이기게 해 주신 그 간증의 이야기들을 세상에 함께 나누어야 하고 하나님께 영광을 돌려 드려야 하니까. 승리의 기쁨을 모두가 함께 누려야 하기 때문이다. 결국 나는 이미 이긴 싸움을 하고 있는 것이다.

성경의 여호수아서를 읽어보면 광야의 이스라엘 백성이 가나안이라는 하나님이 약속하신 땅을 정복하기 위한 첫 전쟁이 나온다. 바로 "여리고" 전쟁이다.

당시 난공불락이라고 불리던 철옹성과 같은 여리고였다. 첫 싸움부터 엄청난 상대를 만났다. 그런데 하나님의 공략방법은?

여호수아 6:2-5

2. 여호와께서 여호수아에게 이르시되 보라 내가 여리고와 그 왕과 용사들을 네 손에 넘겨 주었으니

3. 너희 모든 군사는 그 성을 둘러 성 주위를 매일 한 번씩 돌되 엿새 동안을 그리하라

4. 제사장 일곱은 일곱 양각 나팔을 잡고 언약궤 앞에서 나아갈 것이요 일곱째 날에는 그 성을 일곱 번 돌며 그 제사장들은 나팔을 불

것이며
5. 제사장들이 양각 나팔을 길게 불어 그 나팔 소리가 너희에게 들릴
때에는 백성은 다 큰 소리로 외쳐 부를 것이라 그리하면 그 성벽이
무너져 내리리니 백성은 각기 앞으로 올라갈지니라 하시매

하나님의 여리고성 공략은 바로 나팔과 행진이었다. 이스라엘에게 있어서 나팔이 가져다 주는 의미가 있다. 나팔은 전쟁, 승리, 그리고 백성이 함께 모이도록 하는 부르심의 의미를 지닌다. 여리고성 정복에 있어 나팔을 불도록 하신 의미는 하나님은 이미 여리고성을 정복하셨고 이를 위해 나팔을 불어 백성을 모아 승리의 행진을 하게 하신 것이었다. 놀랍지 않은가? 싸우기도 전에 이미 전쟁은 끝났다는 사실이고 이스라엘은 큰 승리를 누리게 된 것이다. 싸우기도 전에 이기다니! 여러분도 하나님을 통해 이미 이긴 싸움의 기쁨을 누리고 승리를 기도하기 바란다.

나는 다 나았다! 여러분도 다 나았다! 우리 모두 싸움에서 이긴 승리의 기도를 드리자! 하나님께서 우리를 나팔 불게 하시고 기쁨으로 행진시키실 것을 확신하며…….

이미 이겼다.
하나님이 함께 하시면 백전백승이기 때문에…
축하합니다!
승리하셨어요!

암을 치유하는 앎

보배를 담으라

새벽에 기도와 함께 하나님을 묵상하는 가운데 문득 말씀을 주신다.

고린도후서 4:7-18의 말씀이다.

고린도후서 4:7-18

7. 우리가 이 보배를 질그릇에 가졌으니 이는 심히 큰 능력은 하나님께 있고 우리에게 있지 아니함을 알게 하려 함이라

8. 우리가 사방으로 우겨쌈을 당하여도 싸이지 아니하며 답답한 일을 당하여도 낙심하지 아니하며

9. 박해를 받아도 버린 바 되지 아니하며 거꾸러뜨림을 당하여도 망하지 아니하고

10. 우리가 항상 예수의 죽음을 몸에 짊어짐은 예수의 생명이 또한 우리 몸에 나타나게 하려 함이라

11. 우리 살아 있는 자가 항상 예수를 위하여 죽음에 넘겨짐은 예수의 생명이 또한 우리 죽을 육체에 나타나게 하려 함이라

12. 그런즉 사망은 우리 안에서 역사하고 생명은 너희 안에서 역사하느니라

13. 기록된 바 내가 믿었으므로 말하였다 한 것 같이 우리가 같은 믿음의 마음을 가졌으니 우리도 믿었으므로 또한 말하노라

14. 주 예수를 다시 살리신 이가 예수와 함께 우리도 다시 살리사 너희와 함께 그 앞에 서게 하실 줄을 아노라
15. 이는 모든 것이 너희를 위함이니 많은 사람의 감사로 말미암아 은혜가 더하여 넘쳐서 하나님께 영광을 돌리게 하려 함이라
16. 그러므로 우리가 낙심하지 아니하노니 우리의 겉사람은 낡아지나 우리의 속사람은 날로 새로워지도다
17. 우리가 잠시 받는 환난의 경한 것이 지극히 크고 영원한 영광의 중한 것을 우리에게 이루게 함이니
18. 우리가 주목하는 것은 보이는 것이 아니요 보이지 않는 것이니 보이는 것은 잠깐이요 보이지 않는 것은 영원함이라

깨지기 쉬운 질그릇 같은 우리 안에 하나님이 채워 주신 보배가 있다고 한다. 이 보배를 지니고 있으면 사방이 막힌 듯한 사면초가의 상황 또는 내게 죽음이 다가온 듯한 상황에서도 우리를 살리실 힘과 능력이 이 보배로부터 비롯된다고 사도 바울은 고백한다. 질그릇과 같은 우리에게 생명을 주시고, 죽은 것 같은 상황에서도 살리실 능력의 보배는 예수 그리스도를 말씀한다. 예수를 내 속에 담고 살아가면 질그릇 같은 내 모습이라도 보배가 담긴 빛나는 그릇으로 쓰임 받고 살아갈 수 있다는 것이다. 질병과 고통이라는 상황은 우리를 더 깨질 그릇같이 만들 수 있지만 모든 질병과 고통 가운데 있는 여러분! 우리 함께 보배를 품읍시다. 예수 그리스도라는 보배를 지금 이 시간 내 마음 속에, 내 삶가운데 다시 담아보는 것이다.

암을 치유하는 앎

예수님께서 질그릇과 같은 우리에게 보배를 품고 살라는 것은 내게 생명과도 같은 힘이 되었다. 암선고를 받고 내 마음은 여기저기 깨지고 부서져 있었기 때문이었다. 하지만 깨지고 부서진 그릇에 하나님의 마음을 담아 주셨고, 난 깨진 그릇의 모양이지만 그 어떤 귀중한 보석이 담겨 있는 세상의 그릇들보다 빛나고 있음을 느끼고 있다. 그리고 이 그릇이 빛날 수 있도록 많은 이들이 함께 아껴 주고 닦아 주고 살펴 주고 있음을 깨닫고 있기 때문이다.

우리 모두는 깨진 그릇일 수 있다. 하지만 낙심말라. 하나님이라는 보배를 담는 순간 세상에 어떤 그릇보다도 귀하고 밝은 빛을 내는 그릇이 될 수 있다는 것을 명심하라.

상처가 많고 보잘것없어 보이는 그릇이지만
아쉬워 마세요.
하나님이 사용하시면 금자기, 은자기보다도
더 빛나고 값진 그릇으로 쓰입니다.
세상에 많은 상처 난 그릇들이여!
자신을 가집시다.

냄새

병원의 병실에는 약품 냄새가 많이 난다. 알코올 냄새, 주사 냄새 등 냄새만 맡고 있어도 아픈 듯하다. 특별히 화장실을 가면 환자들 특유의 냄새가 몸에서 풍기기도 하는데, 그것은 몸에서 발산해내는 아픈 냄새일 것이다. 그리고 연약한 냄새다.

사람 몸에는 자신만의 특유의 냄새가 존재한다. 이런 냄새는 자신이 처한 환경에 따라 몸의 냄새도 달라지게 된다. 내 몸의 상태에 따라 달라지기도 하고, 어떤 음식을 먹고 사는가에 따라, 어떤 문화에서 살아가는가에 따라 냄새가 바뀌기도 한다. 병원에 입원해 있는 동안 내 몸에서도 아픈 냄새를 풍기고 있었다. 샤워를 잘할 수 없어 몸에서 풍기는 냄새뿐만 아니라 계속해서 맡고 있는 주사 냄새, 그리고 소화를 잘 시키지 못하니 속에서 나오는 독소 냄새도 있었을 것이다. 그래서 의지적으로 새벽에 일찍 일어나 먼저 머리를 감고 로션을 바르고, 나쁜 냄새보다는 깔끔하고 좋은 냄새를 풍기기 위해 신경을 많이 썼다.

성경을 보면 그리스도인이 품고 살아갈 향기에 관한 말씀이 나온다.

고린도후서 2:14-16

14. 항상 우리를 그리스도 안에서 이기게 하시고 우리로 말미암아 각
    처에서 그리스도를 아는 냄새를 나타내시는 하나님께 감사하노라
15. 우리는 구원받는 자들에게나 망하는 자들에게나 하나님 앞에서
    그리스도의 향기니
16. 이 사람에게는 사망으로부터 사망에 이르는 냄새요 저 사람에게
    는 생명으로부터 생명에 이르는 냄새라 누가 이 일을 감당하리요

그리스도인이 품고 살아갈 냄새는 "그리스도를 아는 냄새"라 말
씀한다. 그리고 "생명으로부터 생명에 이르는 냄새"라고 또한 말씀
한다.

'과연 그리스도를 아는 냄새는 어떤 냄새이고 생명에서 생명으로
이르게 하는 냄새는 어떤 냄새일까?'

흔히 '아는 냄새'라 한다면 익숙한 냄새라 말할 수 있다. 우리에
게 익숙한 냄새들; 밥 냄새, 고기 냄새, 스킨 냄새, 옷 냄새 등이 있
다. 생활 가운데 묻어 나오는 냄새들인 것이다.

그리스도를 아는 냄새도 마찬가지다. 내가 예수 그리스도와 친숙
한 삶을 살아갈 때 우리는 예수 그리스도의 향기를 알아가고 품게
된다. 그리고 그 냄새는 우리 몸에 배고 삶에서 자신만의 특유한
냄새로 발산되는 것이다. 그래서 "그리스도의 향기를 낸다"라는 것
은 하나님과 친숙한 삶을 살고 예수 그리스도를 내 몸에 지니고 다
닐 때 그리스도의 향기를 낼 수 있게 되는 것이다. 그렇다면 생명에

서 생명에 이르는 냄새는 어떤 것일까?

로마서 8:10-11

10. 또 그리스도께서 너희 안에 계시면 몸은 죄로 말미암아 죽은 것
   이나 영은 의로 말미암아 살아 있는 것이니라
11. 예수를 죽은 자 가운데서 살리신 이의 영이 너희 안에 거하시면
   그리스도 예수를 죽은 자 가운데서 살리신 이가 너희 안에 거하시
   는 그의 영으로 말미암아 너희 죽을 몸도 살리시리라

예수 그리스도는 그의 생명을 통해 죽을 영혼이었던 우리를 구원
하시고 살리셨다. 예수 그리스도가 우리를 위해 대신 그의 생명으
로 십자가에 드려지게 된다. 직접 구원의 제물이 되어 주심으로 그
의 죽음이 하나님께 올려지게 된 것처럼 예수 그리스도의 생명이 사
람들을 살리기 위한 구원의 향기로 내뿜어진 것이다.

우리는 흔히 자연이 가져다 주는 냄새를 살아있는 냄새, 시원케
하는 냄새라고도 표현한다. 즉, 호흡이 있는 냄새다. 나무의 호흡
이 뿜어내는 호흡, 바다와 산, 바람이 가져다 주는, 내 속을 시원하
게 뚫어내는 호흡이 있는 냄새이며 살아있음을 느끼게 해주는 냄새
가 된다. 모든 생명에는 호흡이 있다. 숨으로 들이마시고 숨으로 내
뱉는 호흡 그리고 숨을 들이마실 때마다 우린 향기를 느낄 수 있고
내뱉을 때마다 우린 향기를 뽑아내게 된다. 즉, 우리가 살아 숨쉬는
모든 호흡이 향기와 관련이 있다는 사실이다.

암을 치유하는 앎

반면, 죽은 자는 향기가 있는 호흡을 할 수 없고 죽은 자의 썩어가는 육체에서는 독소만 흘러나온다. 말 그대로 죽은 냄새다. 생명을 살리는 냄새가 아니라는 말과도 같다. 죽은 냄새는 사람들을 멀리하게 한다. 가까이 가고 싶지 않은 냄새. 심지어 가까이 가기라도 한다면 내 호흡으로 들이마실까 봐 숨을 참기도 한다.

　병원에서 퇴원하여 집에 돌아와 샤워를 하고 바디로션을 몸에 발라주니 좋은 냄새가 난다. 이전의 내가 즐겨 품던 냄새로 돌아온 것이다. 기분이 좋아지고 평안함을 느낀다. 순간 아기가 갑자기 내게 달려든다. 아기는 며칠 목욕을 하지 않은 상태임에도 불구하고 아기 특유의 좋은 냄새가 난다. 아무리 맡아도 싫지 않은 아기의 냄새다. 더 가까이 다가가 얼굴을 부비며 냄새를 맡고 싶기도 하다. 내 마음을 편안하게 해주고 웃음을 주는 그런 냄새인 것이다. 건강한 생명이 있는 냄새, 여러가지로 꾸미지 않아도 아기의 호흡으로 몸에서 발산하는 그런 냄새, 냄새만 맡아도 미소 짓게 만드는 바로 생명이 있는 냄새이며 사랑스러운 냄새이다.

　우리 그리스도인이 세상에 이런 냄새를 풍기며 살면 좋겠다. 늘 내 몸에 익숙한 인공적으로 꾸며진 냄새가 아닌 하나님을 아는 믿음에서 뿜어져 나오는 온전한 믿음의 냄새다. 아기의 건강한 생명력이 호흡으로 뿜어내는 생명 있는 편안한 냄새, 그리고 모두에게 행복한 웃음을 주게 하는 그런 냄새다.

　우리는 어떤 냄새를 풍기며 살아가고 있을까 다시 한번 나의 냄새

를 맡아보자. 킁킁킁… 당신은 어떤 냄새를 가지고 있는가? 생명의
향기인가 아니면 죽음의 냄새인가? 우리 모두에게 좋은 향기가 뿜
어져 나오길 바란다. 그리고 세상 모두가 생명력을 느낄 수 있을 만
큼 시원하고 살아 있는 냄새를 뿜는 그리스도인이 되길 소망한다.

> 좋은 향기내는 사람이 되어 보자.
> 당신의 향기가 너무 좋아요. 나를 숨쉬게 하네요.

암을 치유하는 앎

철저한 생활관리

암환자에게 있어서 중요한 것은 규칙적인 생활이다. 음식부터 시작하여 운동, 약, 수면, 일, 생각까지도 규칙이 필요하다. 왜냐하면, 불규칙적인 습관이 몸을 악화시킬 수 있기 때문이고 항암제 투여를 위한 건강상태를 잘 보존하기 위함이다. 규칙적인 생활습관을 통해 불규칙하게 다가오는 항암의 부작용으로부터 약해진 몸을 지켜 나가는 것이다.

신앙생활도 마찬가지다. 불규칙적인 신앙생활이 우리의 신앙을 약화시키거나 신앙의 밸런스를 무너뜨린다. 따라서 건강한 신앙생활을 위해서 우리 신앙생활도 규칙적인 훈련과 습관을 통해 관리해야 한다. 예수님께서도 규칙적으로 지키신 습관이 있으셨다.

> **누가복음 22:39-40**
>
> 39. 예수께서 나가사 습관을 따라 감람산에 가시매 제자들도 따라갔더니
> 40. 그곳에 이르러 그들에게 이르시되 유혹에 빠지지 않게 기도하라 하시고

예수님께서 규칙적으로 지키신 습관은 '기도'하는 것이었다. 예수

님께 남은 시간이 그리 많지 않았다. 십자가에 달리셔야 하는 시간이 다가오고 있기 때문이었다. 시간이 다가올수록 예수님의 마음에도 고통이 찾아온다. 하지만 어떤 유혹에도 흔들리지 않으시기 위해 예수님은 습관을 따라 아버지 하나님께 기도를 드린다.

> "이에 말씀하시되 내 마음이 매우 고민하여 죽게 되었으니 너희는 여기 머물러 나와 함께 깨어 있으라 하시고 조금 나아가사 얼굴을 땅에 대시고 엎드려 기도하여 이르시되 내 아버지여 만일 할 만하시거든 이 잔을 내게서 지나가게 하옵소서 그러나 나의 원대로 마시옵고 아버지의 원대로 하옵소서 하시고" (마태복음 26:38-39)

예수님의 마음도 "고민하여 죽게 되었으니"라고 말씀한다. 하지만 모든 것을 아버지 하나님의 뜻에 내어 맡기는 기도를 드린다.

"아버지의 원대로 하옵소서."

어느새 기도가 예수님의 마음을 붙잡는다. 흔들리지 않도록, 넘어지지 않도록 기도의 습관으로 아버지 하나님을 붙잡아 시험을 이길 힘을 얻는다.

규칙적인 신앙생활은 자칫 무너질 수 있는 우리 신앙건강의 밸런스를 지켜준다. 극심한 고통과 예기치 않은 시련이 갑작스럽게 닥치면 평범했던 인간의 삶에 균형이 깨져버린다. 중심을 잃고 지탱할 힘을 잃어버릴 수 있기 때문이다. 장난감 오뚝이가 넘어지지 않고 넘어뜨려도 다시 일어날 수 있는 힘은 장난감 아래에 있는 무게

암을 치유하는 앎

추에서 비롯된다. 무게추의 밸런스가 넘어지지 않도록 힘을 지탱해 주는 것처럼 신앙생활에 있어 닥쳐오는 유혹과 시련 가운데 이겨 내고 승리할 수 있는 비결은 규칙적인 신앙의 습관을 통해 어떤 상황에도 넘어지지 않도록 지탱하는 믿음의 무게추를 달아 놓는 것이다.

암_{cancer}이라는 질병이 불규칙적으로 깨져버렸던 내 신앙에 규칙적인 습관을 만들어줬다. 바로 예수님을 기도로 찾고 그의 뜻을 깊이 묵상할 수 있도록 하는 규칙적인 시간이라는 무게추를 달도록 만들기 때문이다. 때와 장소는 상관없다. 새벽에 눈을 뜨면 그 자리, 그 순간 살아 있음에 감사할 수 있는 기도와 묵상을 드린다. 음식을 먹는 순간에도 감사로 채워 주시는 은혜로 들어간다. 화장실을 가는 순간에도, 가족들과 의미 있는 대화를 하는 순간에도, 아기를 지그시 바라볼 수 있는 이 순간에도 내 마음에는 규칙적으로 감사의 은혜로 채워진다. 나를 견고히 일으켜 세워주는 신앙의 무게추가 다시 매달린 것이다.

건강한 신앙생활을 하고 싶은가? 여러분의 삶에 예수 그리스도께 나아가는 규칙적 습관을 심어 놓으라. 습관을 따라 하나님께 나아가도록 하라. 그러면 건강해진다. 그리고 균형 잡힌 건강한 신앙 체형을 지닐 수 있게 될 것이다.

흔들리는 당신의 삶에 신앙이라는
무게추를 달아보라.
울퉁불퉁, 좌충우돌 흔들거리는 세상 가운데서도
견고하게 중심 잡힌 삶을 살아갈 수 있는
신앙의 오뚝이가 될 것이다.
좋은 습관으로 건강한 신앙생활하기를…….

감정의 기복

투병을 하다 보면 순간순간 약한 마음이 들어오게 된다. 별것 아닌 것에도 신경이 쓰이고, 감정없이 툭 던져진 말에 순간 짜증도 내고, 파도가 몰아치는 듯한 거친 염려가 나를 괴롭히기도 한다. 이럴 때마다 연약한 내 몸과 감정을 발견하게 된다. 미국에서 잠시 방문하신 부모님이 함께 지내는 시간 동안 내 모든 행동을 통제하시기 시작했다. 이것 먹어라, 저것 먹어라, 이것 안 된다, 저것 안 된다. 순간 부모님께 말씀을 드렸다.

"엄마 이제 그만! 나도 알아요. 제가 더 잘하려고 하고 있으니 그만 말씀하세요!"

순간 나의 대답에는 짜증이 섞여 있었고 순간의 어색함이 우리를 덮었다.

'왜 그랬을까? 부모님은 나를 걱정해서 해주시는 말인데.'

우린 길을 가다 돌부리에 걸려 넘어지듯 순간 넘어지고 쓰러진다. 평안한 듯 잘 걸어가다가도 순간의 돌부리에 걸려 중심을 잃어버리듯 우리의 마음도 걸려 넘어지지 않도록 잘 살피며 걸어가는 것이 중요하다. 왜냐하면 언제라도 우리가 걸려 넘어지도록 사탄 마귀가 우리를 유혹하고 넘어트리는 공격을 하기 때문이다. 미가 7장에서 말씀을 주신다.

미가 7:7-8

7. 오직 나는 여호와를 우러러보며 나를 구원하시는 하나님을 바라보
나니 나의 하나님이 나에게 귀를 기울이시리로다

8. 나의 대적이여 나로 말미암아 기뻐하지 말지어다 나는 엎드러질
지라도 일어날 것이요 어두운 데에 앉을지라도 여호와께서 나의
빛이 되실 것임이로다

하나님을 잊어버리고 부패해져 가는 남유다와 북이스라엘을 향
해 하나님은 선지자 미가를 통해 말씀을 주셨다. 정의와 공의가 사
라진 백성들의 모습을 한탄하시며 다가올 심판에 대한 경고와 하
나님을 통한 회복이 있을 것을 알리는 메시지다. 어지러운 세상 속
에서 걸려 넘어지기 쉬운 이스라엘이 바라볼 방향과 시선을 말해
주고 있는 것이다.

"오직 나는 여호와를 우러러보며 (I watch in hope for the LORD)
나를 구원하시는 하나님을 바라보나니…"

"여호와를 우러러 보라"고 말씀한다. **NIV** New International Version 로 읽
어보면 "소망 가운데 주를 바라본다"고 해석을 한다.

많은 이들을 걸려 넘어지게 하는 것들은 소망이 없는 것들이다.

암을 치유하는 앎

죽음의 위협과 두려움이 소망을 잃게 하고, 많은 아픔과 좌절이 소망이 아닌 두려움과 어두움을 보도록 한다. 암투병도 마찬가지다. 순간 찾아오는 항암제의 부작용이 환자의 몸을 지치게 하고 소망보다는 낙심과 어두움에 눈을 돌려 돌부리 걸려 넘어지듯 만들기 때문이다.

자주 넘어지는가? 넘어졌을 때 눈을 들어 하늘의 주님을 바라보라. 소망이 그에게서 나오기 때문이고, 거친 파도와 같이 요동치는 내 마음을 잠잠하게 하실 능력이 그에게 있기 때문이다.

돼지는 목뼈가 짧고 굵어 서 있는 자세에서 고개를 들어 하늘을 바라볼 수 없다고 한다. 돼지가 하늘을 볼 수 있는 것은 뒤집혀 누워 있는 그 순간이다. 넘어졌다고 땅속 깊은 곳을 바라보지 말라. 넘어진 그 때가 바로 기회의 때다. 내가 뒤집어져 하나님을 바라볼 수 있는 때인 것이다.

감정의 기복이 나를 넘어뜨리려는 순간이 있었지만 난 오늘도 이겼다. 하나님을 우러러볼 때, 빛 되신 하나님의 소망을 다시 바라본 순간, 그 순간에 하나님은 다시 내 바라볼 수 있는 기회임을 잊지 말라.

나를 흔드는 많은 공격이 있는가?
하나님을 바라보라.
나의 도움이 어디서 올지 발견할 수 있다.

삐삐삐

　항암주사실에서 2차 항암제를 4시간여에 걸쳐 맞고 있다. 주사
실은 좌석마다 커튼이 가려져 있어 옆자리에 누가 있는지 보이진
않는다. 순간 오른쪽 커튼 옆자리에서 '삐삐삐' 소리가 계속 난다.
그리고 노년 어르신의 신음소리가 난다.
　"추워요, 숨이 차요, 아아아악!"
　간호사들이 들락날락하면서 상태를 살피는데 발걸음이 바쁘다.
응급실로 가야 할 상황인 것 같다. 복부에 물이 차고 있다고 한다.
그러면서 동시에 숨이 가빠오는가 보다. 그런데 환자분은 응급실에
절대 가지 않겠다고 한다. 집으로 보내 달라고 간호사들과 실랑이
를 한다. 집에 가서 자도록 해 달라고 강한 저항을 보이는 것이다.
순간 생각이 들었다.
　'얼마나 고통스러운 기억이 많았길래 응급한 상황에서의 치료도
거부할까.'
　'얼마나 아프길래 재워 달라고만 하는 것일까.'
　순간 난 자리에서 그분을 위해 기도 드린다.
　'하나님 응급한 순간이 지나가게 해주세요, 환자의 상태가 편안
하게 해주세요.' 순간 하나님이 내 기도를 들어 주신 것일까? 어느

정도 시간이 지나 환자는 휠체어를 타고 조금 편안해진 상태로 응급실로 이동했다.

'어르신 평안해지시길 기도할게요.'

암병동에 있으면 아픈 소리들이 많이 들린다. 소리가 있다는 것은 급한 신호다.

"삐삐삐", "뚜뚜뚜", "간호사!", "저기요", "끙끙끙" …….

평안하고 희망찬 소리보다는 아픈 소리, 기계음, 신음소리가 더 많은 것이다. 순간 개인적으로 소망을 가져본다. 암병동에 기쁜 소식의 소리들이 많이 들려지는 것이다.

"환자분 너무 좋아지셨어요", "다 나았어요", "이제 퇴원하시고 병원에 오지 않아도 됩니다." 희망의 소리가 많아지기를 다시 기도해본다.

세상을 살아가면서 들려오는 다양한 소리들이 있다. 뉴스라도 보려고 TV를 켜면 각종 사건, 사고의 소리들이 참 많다. 조금이라도 따뜻하고 훈훈한 소식을 듣고 싶지만 각박한 현대 사회 속에서는 듣기가 쉽지 않다. 성도로 살아가면서 우리가 귀 기울여 들어야 하는 소리가 있다. 그것은 하나님의 소리이다. 세상의 혼잡함과 시끄러움 가운데서도 믿음으로 하나님께 귀 기울이면 우린 소망 가득한 소리들을 들을 수 있기 때문이다. 우리 여기서 아기 예수님이 탄생하는 소식을 들은 베들레헴이라는 동네로 가보자.

누가복음 2:4-14

4. 요셉도 다윗의 집 족속이므로 갈릴리 나사렛 동네에서 유대를 향하여 베들레헴이라 하는 다윗의 동네로

5. 그 약혼한 마리아와 함께 호적하러 올라가니 마리아가 이미 잉태하였더라

6. 거기 있을 그 때에 해산할 날이 차서

7. 첫아들을 낳아 강보로 싸서 구유에 뉘었으니 이는 여관에 있을 곳이 없음이러라

8. 그 지역에 목자들이 밤에 밖에서 자기 양 떼를 지키더니

9. 주의 사자가 곁에 서고 주의 영광이 그들을 두루 비추매 크게 무서워하는지라

10. 천사가 이르되 무서워하지 말라 보라 내가 온 백성에게 미칠 큰 기쁨의 좋은 소식을 너희에게 전하노라

11. 오늘 다윗의 동네에 너희를 위하여 구주가 나셨으니 곧 그리스도 주시니라

12. 너희가 가서 강보에 싸여 구유에 뉘어 있는 아기를 보리니 이것이 너희에게 표적이니라 하더니

13. 홀연히 수많은 천군이 그 천사들과 함께 하나님을 찬송하여 이르되

14. 지극히 높은 곳에서는 하나님께 영광이요 땅에서는 하나님이 기뻐하신 사람들 중에 평화로다 하니라

천사가 나타나 "온 백성에게 미칠 큰 기쁨의 소식"을 전해준다. 11절을 다시 보면,

"오늘 다윗의 동네에 너희를 위하여 구주가 나셨으니 곧 그리스도 주

암을 치유하는 앎

시니라"

구원을 위해 이 땅에 오신 예수님 탄생의 기쁜 소식이었다. 소망 없던 이스라엘에 예수 그리스도의 탄생은 그 어떤 소리보다도 기쁜 소리였다. 하나님이신 예수 그리스도가 육신을 입고 _{incarnated} 이 땅에 직접 오신다니! 이스라엘 백성은 이제 붙잡을 희망이 생겼다. 이 기쁜 소식을 온 세상에 전해야 할 뜻과 목적이 생겼다. 소망 없던 이스라엘에 예수 그리스도라는 구원의 기쁜 소망을 주는 소리이기 때문이다.

주변에 아픈 소리들이 많은가 들어보라. 소망의 소리보다 아픈 소리들이 더 많을 것이다.

"코로나 때문에 힘들어요", "어렵습니다", "이 놈의 세상 말세다 말세야!"

아픈 소리가 들릴 때마다 여러분의 기도가 필요하다.

"주님 낫게 하여 주소서", "고쳐 주소서", "주님 소망이 아픔을 덮게 하소서", "주님의 기쁜 소리들로 세상이 가득 차게 하소서."

기도의 소리로 아픈 소리들을 물리치기 바란다. 지금 항암제를 맞고 있는 이 순간 또 건너편 커튼에서 소리가 난다.

"아아아악" 나는 다시 기도한다. '하나님 기쁜 소리로 바꿔 주세요!'

희망의 소리, 기쁨의 소리가 하나님께 있다.
아픈가? 소망 없는가? 좋은 소식을 듣기 원하는가?
하나님께 귀 기울여라. 들린다. 반드시.

천근만근

지난 밤에는 등과 어깨에 근육통증이 발생하면서 잠을 설쳤다. 새벽 1시. 스트레칭을 하기 위해 몸을 일으키는데 어지러움과 함께 다리에 힘이 들어가질 않는다. 일어나는 몸이 엄청 무거웠다. 그래도 의지적으로 일어나 소파에 앉아 기도를 드린다. 기도를 드리는 가운데 이런 생각이 든다. 예수님의 몸은 얼마나 무거웠을까?

마태복음 27:27-31

27. 총독의 군병들이 예수를 데리고 관정 안으로 들어가서 온 군대를 그에게로 모으고
28. 그의 옷을 벗기고 홍포를 입히며
29. 가시관을 엮어 그 머리에 씌우고 갈대를 그 오른손에 들리고 그 앞에서 무릎을 꿇고 희롱하여 이르되 유대인의 왕이여 평안할지어다 하며
30. 그에게 침 뱉고 갈대를 빼앗아 그의 머리를 치더라
31. 희롱을 다 한 후 홍포를 벗기고 도로 그의 옷을 입혀 십자가에 못 박으려고 끌고 나가니라

로마의 군병들에게 채찍을 맞아 예수의 몸은 온통 피투성이다.

가시관을 짓이겨 넣은 예수의 머리에서 피가 흘러 핏물이 눈을 가린다. 벌거벗겨진 채 피투성이가 된 몸으로 자신이 매달려야 할 거대한 십자가를 어깨에 매고 골고다의 언덕길을 올라가신다.

'언덕길을 올라가는 한걸음 한걸음이 얼마나 무겁고 힘든 길이었을까.'

암환자들은 암투병을 하면서 자꾸 기운이 빠지게 된다. 병을 고치기 위한 여러 주사와 약들이 또 다른 부작용을 만들기 때문이다. 구토방지제, 진통제, 지사제, 변비약, 철분제 등등 복용하는 약들 가운데서도 어지럼증과 졸림을 유발하는 부작용이 많다. 그래서 항암을 하는 동안 몸이 천근만근 무겁고 처지게 된다. 예수님이 짊어지신 고통에 비교할 순 없지만 항암은 마치 무거운 십자가를 짊어지는 고통의 길처럼 환자들의 발걸음을 무겁게 만든다. 하지만 이렇게 힘이 빠지고 약해질 때 예수님 십자가의 고통과 무거운 발걸음을 기억하자. 이사야 43장의 말씀이 오늘 내 무거운 몸에 새 힘을 주신다.

이사야 43:28-31

28. 너는 알지 못하였느냐 듣지 못하였느냐 영원하신 하나님 여호와, 땅 끝까지 창조하신 이는 피곤하지 않으시며 곤비하지 않으시며 명철이 한이 없으시며
29. 피곤한 자에게는 능력을 주시며 무능한 자에게는 힘을 더하시나니
30. 소년이라도 피곤하며 곤비하며 장정이라도 넘어지며 쓰러지되

31. 오직 여호와를 앙망하는 자는 새 힘을 얻으리니 독수리가 날개치
     며 올라감 같을 것이요 달음박질하여도 곤비하지 아니하겠고 걸
     어가도 피곤하지 아니하리로다

예수님이 피투성이 된 몸으로 골고다 언덕길을 오르신 힘이 바로
이 힘일 것이다. 지치신 예수님을 피곤치 않도록 독수리 날개 치며
올라가듯 하나님이 예수님의 어깨를 부축해 주셨을 것이다.

모든 질병과 고통 가운데 있는 영혼들이여. 하나님께 힘을 구하
자. 독수리 날개 쳐 올라가듯 무거운 몸을 일으켜 줄 힘을 여호와
께 구하자. 기도 후 하나님이 짧은 단잠을 주셨다. 그리고 새벽 5
시 30분에 잠에서 깼다. 여전히 다리는 무겁고 더 눕고 싶었지만
난 다시 일어난다. 의지적으로 일어나 양치를 한 후 물을 마시니 다
시 힘을 주신다. 독수리 같이. 난 오늘도 이겼다. 하나님 주신 힘으
로……

누워있지 말고 일어나세요.
하나님께서 힘을 주시잖아요….

여호와이레

하나님의 계획을 우리는 얼마나 알고 있을까? 우린 성경을 통해 하나님이 이미 예비하시고 준비하신 계획들이 있음을 보게 된다.

창세기 22:9-14

9. 하나님이 그에게 일러주신 곳에 이른지라 이에 아브라함이 그 곳에 제단을 쌓고 나무를 벌여 놓고 그의 아들 이삭을 결박하여 제단 나무 위에 놓고

10. 손을 내밀어 칼을 잡고 그 아들을 잡으려 하니

11. 여호와의 사자가 하늘에서부터 그를 불러 이르시되 아브라함아 아브라함아 하시는지라 아브라함이 이르되 내가 여기 있나이다 하매

12. 사자가 이르시되 그 아이에게 네 손을 대지 말라 그에게 아무 일도 하지 말라 네가 네 아들 네 독자까지도 내게 아끼지 아니하였으니 내가 이제야 네가 하나님을 경외하는 줄을 아노라

13. 아브라함이 눈을 들어 살펴본즉 한 숫양이 뒤에 있는데 뿔이 수풀에 걸려 있는지라 아브라함이 가서 그 숫양을 가져다가 아들을 대신하여 번제로 드렸더라

14. 아브라함이 그 땅 이름을 여호와 이레라 하였으므로 오늘날까지 사람들이 이르기를 여호와의 산에서 준비되리라 하더라

암을 치유하는 앎

창세기에 나타난 여호와이레Jehovah-Jireh, 즉 "여호와께서 준비하심"의 하나님을 우린 만나게 된다. 하나님이 예비하신 숫양을 알기 전엔 우린 이삭을 바치라는 이해하지 못할 하나님의 모습만 보게 되었다. 그러나 "여호와이레"라는 하나님의 거룩한 계획들Divine plans 속에는 우리가 보지 못했을 뿐 이미 준비된 숫양이 숨겨져 있던 것이다. 그렇다. 우리에겐 하나님이 예비하시고 준비하신 그의 거룩한 계획이 숨겨져 있다는 것이다. 우리를 위해 예비하시고 준비하신 일들 말이다.

나 또한 암투병을 하면서 하나님의 거룩한 계획과 준비하심을 발견하게 되었다. 그 중 하나가 바로 '형'이었다.

'나의 하나뿐인 사랑하는 형.'

암환자에게 있어서 특별히 조심하고 지켜야 할 것들이 많은데 그 가운데 중요한 것은 식생활과 부작용 케어이다. 난 그동안 암환자의 식생활에 관해서는 무지했다.

'무엇을 먹어야 하는지, 무엇이 암환자에게 좋은 음식인지, 내 몸을 어떻게 관리해야 하는지……'

왜냐하면, 난 이제 사회초년생처럼 암투병의 초년생이기 때문이다. 형에게 하루에도 여러 번 전화가 온다.

"괜찮아요? 오늘은 컨디션 어때? 뭐 먹었어?"

나의 식생활과 상태를 점검해주기 위해서다. 형은 수년 전 응급실에 수차례 다녀갔던 일이 있었다. 회사 업무와 누적된 피로, 스트레스로 인한 여러가지 몸에 안 좋은 징후들, 게다가 공황장애 등 여러 힘든 질병으로 형의 몸이 녹초가 되어 있었던 것이다. 질병을 이겨낸 형은 이후 식생활을 개선하고 세심한 몸 관리를 벌써 수년째 이어오고 있다. 하나님은 이미 알고 계셨나 보다. 형이 먼저 겪었던 질병을 통해 나까지 살펴주도록 이때를 위해 준비해 놓으신 것이었다.

내가 항암을 시작함과 동시에 형은 나의 식생활의 주치의가 되어주었다. 형을 통해 하나님은 일하고 계신 것이다. 의사들은 먹고 싶은 것 있으면 열심히 먹으라고 한다. 그럴 만한 것이 항암제가 투여되면 메스꺼움과 구토, 그리고 무기력 때문에 음식을 섭취하는 것이 힘들기 때문이다. 항암을 버티기 위해서 체력과 면역을 키워야 하니 뭐라도 먹어야 하는 것이다. 하지만 이것이 또 아이러니하다. 암세포는 단것, 튀긴 것, 기름진 것 등 우리가 맛있게 먹을 만한 것들을 또한 좋아한다는 사실이다. 내 입맛을 돋우기 위해 먹는 것을 암세포 또한 좋아한다니… 아찔하다. 형이 아니었다면 난 그저 내 입맛을 살리기 위해 이것저것 가리지 않고 먹었을 것이 분명하다.

하나님은 우리 삶에 계획하고 예비하신 일들이 있다. 우린 그것을 아직 보지 못하고 깨닫지 못했던 것이다. 예전에도 형은 잔소리같이 전화해서 식생활과 습관에 대해 말을 해주었지만 난 그 음성에 귀 기울이지 않았다.

"알았어, 먹을게", "다음엔 해 볼게" 등.

하지만 이제는 깨닫는다. '아 그때 먹을걸!' 마찬가지로, 왜 우린 하나님의 뜻과 계획을 미리 발견하지 못할까?

아브라함은 이삭대신 예비하신 여호와이레를 통해 하나님의 계획하심과 은혜를 만나게 되었다. 끝까지 살피시고 돌보시는 하나님의 은혜 그리고 이를 통해 아브라함은 그의 믿음이 한층 성장하고 이후 하나님의 또 다른 계획하심을 만난다.

창세기 22:15-18

15. 여호와의 사자가 하늘에서부터 두 번째 아브라함을 불러
16. 이르시되 여호와께서 이르시기를 내가 나를 가리켜 맹세하노니 네가 이같이 행하여 네 아들 네 독자도 아끼지 아니하였은즉
17. 내가 네게 큰 복을 주고 네 씨가 크게 번성하여 하늘의 별과 같고 바닷가의 모래와 같게 하리니 네 씨가 그 대적의 성문을 차지하리라
18. 또 네 씨로 말미암아 천하 만민이 복을 받으리니 이는 네가 나의 말을 준행하였음이니라 하셨다 하니라

여러분은 믿는가? 우리를 향한 하나님의 계획은 여전히 세워지고 이어져 나간다는 사실이다. 만약 어려움과 고통 속에 앞이 보이지 않는 상황에 있다면 여호와이레의 하나님을 구하는 모습이 우리에겐 필요하다. 왜냐하면 현재의 고통이 마지막이 아니기 때문이고 우리에게 처한 고난의 시간은 하나님의 준비하심을 발견하는

시간이 되기 때문이다. 그리고 하나님의 준비하심과 계획하심을 바라보며 걸어가면 하나님의 더 큰 섭리 providence 를 만나게 됨을 믿기 바란다. 하나님이 이끌어 주시는 승리를 말이다.

질병과 고통 너머에 계신
하나님의 계획하심을 발견함을 통해
더 큰 소망 있는 삶을 살아가길 바란다.
하나님만 온전히 바라보며 따라 갈게요….

암을 치유하는 앎

만나와 메추라기
그리고 구름기둥과 불기둥

　병상에서부터 계속 글을 쓰게 하신다. 내 지식과 내 생각으로 쓰려면 기록할 수 없는 일들이다. 하나님의 은혜를 기록하게 하신다. 회개의 눈물로 쓰게 하시고, 기쁨과 감격의 눈물로 기록하게 하시고, 따뜻함으로 적어 가도록 하신다. 내 힘과 지식만으로는 결코 할 수 없는 일들이다. 그리고 내 능력만으로는 써지지도 않는다. 하나님은 내게 그날 쓸 글들, 내가 기억할 수 있는 것만 기록하게 하시는 것이다. 억지로 쓰거나 계획적으로 생각나게 하지 않으시고 글을 써 내려갈 수 있도록 그때그때 감동과 말씀을 주고 계신 것이 참으로 놀랍다.

　성경의 출애굽기를 보면 광야의 이스라엘 백성을 인도하시는 하나님을 보게 된다. 하나님은 광야를 순식간에 지나도록 하실 수 있었다. 하지만 광야의 40년이라는 시간을 주시고 견디도록 하신 하나님의 뜻은 무엇이었을까? 그것은 바로 한걸음 한걸음이다!

　하나님은 우리가 하나님보다도 먼저 또는 하나님과 멀리 떨어지는 뒤따라옴이 아닌 한걸음 한걸음의 순종과 주만 바라보는 시야를 허락하셨다. 하나님은 광야의 백성들에게 만나와 메추라기를 통해 일용할 하루의 양식을 허락하셨고, 구름기둥 불기둥이 움직일 때만 이동할 수 있게 하셨다. 앞장서 가시는 하나님만 바라보도록 말이다.

> "내가 이스라엘 자손의 원망함을 들었노라 그들에게 말하여 이르기를 너희가 해 질 때에는 고기를 먹고 아침에는 떡으로 배부르리니 내가 여호와 너희의 하나님인 줄 알리라 하라 하시니라" (출애굽기 16:15)

> "주께서는 주의 크신 긍휼로 그들을 광야에 버리지 아니하시고 낮에는 구름 기둥이 그들에게서 떠나지 아니하고 길을 인도하며 밤에는 불 기둥이 그들이 갈 길을 비추게 하셨사오며" (느헤미야 9:19)

우리의 생각이 하나님보다 앞장서 갈 때가 얼마나 많은가! 하지만 하나님은 그것조차 허락하지 않으신다. 그래서 성경은 또한 말씀한다. 우리가 어떤 걸음으로 살아가야 하는지.

로마서 12:2-3
2. 너희는 이 세대를 본받지 말고 오직 마음을 새롭게 함으로 변화를 받아 하나님의 선하시고 기뻐하시고 온전하신 뜻이 무엇인지 분별하도록 하라
3. 내게 주신 은혜로 말미암아 너희 각 사람에게 말하노니 마땅히 생각할 그 이상의 생각을 품지 말고 오직 하나님께서 각 사람에게 나누어 주신 믿음의 분량대로 지혜롭게 생각하라

암을 치유하는 앎

"믿음의 분량대로 생각하라" 말씀한다. 믿음의 보폭이다. 즉, 믿음의 분량대로 하나님 바라보며 걸어가면 된다. 우리가 살아가는 이 세대는 우리의 생각에 많은 혼란을 준다. 믿음의 보폭이 아닌 속도전이다. 빠르게 변화하는 시대상을 따라가기에 너무 바쁘고 배울 것이 많다. 급변하는 세대 가운데 우리의 마음과 생각조차 지키기 쉽지 않다. 빨리빨리 걸어가야만 하는 것이다. 남보다 앞서 갈 수 있으면 두 걸음, 열 걸음이라도 뛰어야 하고, 남보다 앞서지 않으면 금방 뒤떨어지기 때문에 우리 생각도 급하다. 내 능력과 상관없이 우린 빠른 세상을 감당하려면 점프 jump 라도 하면서 살아야 한다.

지금의 나는 숨이 차오르는 상태다. 빠르게 달리고 싶지만 나를 넘어뜨리고 숨이 차오르게 하는 많은 장벽이 있기 때문이다. 질병이라는 장벽, 고난, 아픔, 슬픔, 좌절, 낙심 등. 왜 이리 장벽이 많은가! 하지만 하나님은 이런 시간을 통해 다시 깨닫게 하신다.

'슬로우 다운 slow down, 천천히 해. 그리고 나만 바라보며 따라올 순 없겠니? 나는 여호와 하나님이야. 난 이미 알고 있고 너를 위해 예비해 놓은 거룩한 계획 divine plans 이 있단다.'

'아들아, 내가 앞장서 갈게. 너는 나만 바라보며 따라오면 돼. 자! 걸어 보렴, 한 걸음 한 걸음씩' 하나님이 이처럼 말씀하고 계실 것이다.

그래! 이제 우리 한 걸음씩 살아가자. 천천히 하나님을 따라 걸어가며 그가 채워 주시는 만나와 메추라기에서 감사와 기쁨을 누려 보자. 그리고 내 삶의 구름기둥 불기둥의 움직임을 보며 하나님이 살펴 주시는 손길을 느끼며 살아가는 것이다.

'하나님이 오늘은 어떻게 살게 하실까', '하나님이 오늘은 어디서 멈추게 하실까.'

여러분의 삶 가운데서 하나님의 만나와 메추라기, 구름기둥과 불기둥을 발견하라! 하루하루 먹이시고 채워 주시고 이끄시는 그 은혜가 넘쳐날 것이다.

한 걸음 한 걸음 주 예수와 함께
날마다 날마다 우리 걸어가리.

암을 치유하는 앎

Here I am to worship

　하나님은 나를 예배의 공간으로 초대하신다. 내가 있는 자리가 예배의 자리가 되고, 내가 있는 공간이 묵상의 공간이 되도록 내 마음에 예배를 주고 계신다. 이전에는 "예배는 공간이다 Worship is space" 라는 개념이 나를 지배했었다. 교회의 공간이 예배의 자리이고, 주일예배 또는 수요예배와 같은 공적예배가 형식상의 예배의 자리였던 것이다. 하지만 병상에 있는 동안 하나님은 나의 공간적 개념을 깨뜨리셨다. 바로 내가 서 있는 자리가 예배가 되도록 하셨다.

　새벽 4시 잠을 깨워 주신다. 그리고 선포와 기도로 시작을 하게 하시며 내 마음에는 은은한 찬양이 흘러간다.

> "내 영혼의 그윽히 깊은 데서
> 맑은 가락이 울려 나네
> 하늘 곡조가 언제나 흘러나와
> 내 영혼을 고이 싸네
> 평화 평화로다 하늘 위에서 내려오네
> 그 사랑의 물결이 영원토록
> 내 영혼을 덮으소서"
> (찬송가 469장)

난 순간 오케스트라의 연주가 있는듯 웅장한 하나님의 예배의 공간에 홀로 서 있는 듯하다. 기존의 공간개념은 깨져버렸다. 예배가 내 마음 속에 들어와버렸기 때문이다. 내 마음에 하나님의 영광이 자리잡고 있기 때문이다. 하나님이 나와 함께 하시는 듯 오늘 하루 살아갈 용기와 힘을 주신다. 그리고 평화로 내 마음을 채워 오늘 하루 암과 싸울 힘과 능력을 주신다.

대장암 4기 진단을 받아들이기 전까지는 내 마음에 평화가 없었다. 암을 발견한 순간은 하나님도 떠올리지 못할 만큼 내 안에 처절함과 두려움이 가득 차고 이로 인해 내 안에서 예배가 사라졌었다. 내 속의 찬양도 온데간데없고 그저 대장암 4기라는 선언만이 나의 심령을 지배했었다. 하지만 하나님은 나를 내버려두지 않으시고 내 심령을 깨워 주셨다. 고요함 가운데 내 귓가에 찬양이 흘러나오게 하시고 하나님께서 주시는 은혜와 감동으로 글을 쓰게 하시면서 순간 길을 가다가 멈춰 서게 하시고, 순간 생각나게 하시고, 순간 말씀이 떠오르게 하시는 등 하나님은 시간과 공간을 넘어 나를 다스려 주심을 알게 되었다.

우리는 순간 사로잡힌다. 나쁜 생각, 두려움, 고통, 내일의 염려와 같이 나를 사로잡기 위해 공격하는 많은 영적, 육체적 공격이 있는 것이다. 오늘 평안할지언정 내일도 그 평안이 지속되리라는 보장은 없다. 왜? 성도에게는 영적싸움 Spiritual Warfare 이 늘 뒤따라오기 때문이다.

베드로전서 5:7-10

7. 너희 염려를 다 주께 맡기라 이는 그가 너희를 돌보심이라

8. 근신하라 깨어라 너희 대적 마귀가 우는 사자 같이 두루 다니며 삼킬 자를 찾나니

9. 너희는 믿음을 굳건하게 하여 그를 대적하라 이는 세상에 있는 너희 형제들도 동일한 고난을 당하는 줄을 앎이라

10. 모든 은혜의 하나님 곧 그리스도 안에서 너희를 부르사 자기의 영원한 영광에 들어가게 하신 이가 잠깐 고난을 당한 너희를 친히 온전하게 하시며 굳건하게 하시며 강하게 하시며 터를 견고하게 하시리라

성경의 베드로전서 5장을 살펴보면 영적싸움을 어떻게 해야 할지 잘 말씀해준다. 먼저 "깨어 있으라"는 것이다. 항암주사를 맞으면 무기력이 내 몸을 지배하고 일어서지 못하도록, 자꾸 침상에 눕도록 내 몸을 무겁게 만든다. 속이 메스꺼워 메스꺼움 방지약을 먹기라도 하면 몸은 더 무거워진다. 약이 나의 뇌를 재움으로써 메스꺼움의 순간을 지나가도록 만들기 때문이다. 자고 일어나면 괜찮을 것 같지만 메스꺼움은 여전하다. 오히려 정신이 몽롱하고 더 기운이 없다.

무기력과 메스꺼움에서 깨어나지 못했기 때문이다. 그럴 때는 일어나서 시원한 바람을 쐬며 큰 호흡을 하며 나를 깨우는 것이 오히려 힘이 된다. 아니면 시큼한 오렌지를 한 입 먹는 것이 오히려 나를 항암 부작용으로부터 깨워 주기도 한다. 영적싸움도 마찬가지

다. 나를 스스로 깨우기 위한 노력이 필요하다. 영적으로 무뎌지지 않도록 깨우는 것이다. 그래서 나를 깨우기 위해 지금 있는 그 자리를 예배의 자리로 만드는 것이다.

시편 57:4-11

4. 내 영혼이 사자들 가운데에서 살며 내가 불사르는 자들 중에 누웠으니 곧 사람의 아들들 중에라 그들의 이는 창과 화살이요 그들의 혀는 날카로운 칼 같도다

5. 하나님이여 주는 하늘 위에 높이 들리시며 주의 영광이 온 세계 위에 높아지기를 원하나이다

6. 그들이 내 걸음을 막으려고 그물을 준비하였으니 내 영혼이 억울하도다 그들이 내 앞에 웅덩이를 팠으나 자기들이 그 중에 빠졌도다 (셀라)

7. 하나님이여 내 마음이 확정되었고 내 마음이 확정되었사오니 내가 노래하고 내가 찬송하리이다

8. 내 영광아 깰지어다 비파야, 수금아, 깰지어다 내가 새벽을 깨우리로다

9. 주여 내가 만민 중에서 주께 감사하오며 뭇 나라 중에서 주를 찬송하리이다

10. 무릇 주의 인자는 커서 하늘에 미치고 주의 진리는 궁창에 이르나이다

11. 하나님이여 주는 하늘 위에 높이 들리시며 주의 영광이 온 세계 위에 높아지기를 원하나이다

환난 중에 있는 다윗의 고백이다. 다윗은 현재 자신의 상태가

"내 영혼이 사자들 가운데에서 살며 내가 불사르는 자들 중에 누웠으니"라고 표현한다. 다윗의 주변에는 아무도 없다. 오직 다윗을 죽이려고 하는 많은 대적들만이 있을 뿐이다. 이런 상황이라면 우리는 쉽게 포기하고 절망이라는 나락에 빠져 잠들 수밖에 없을 것이다. 하지만 다윗은 그렇지 않았다. 하나님 주실 영광을 바라보며 깨운 것이다.

"내 영광아 깰지어다."

그리고 다윗이 있는 자리는 비파와 수금, 하나님을 찬양하고 예배 드리는 영광으로 채움으로 이 싸움을 이겨냈던 것이다.

우리의 삶이 이 모습을 닮아가면 좋겠다. 시간과 공간을 넘어서는 예배자의 모습이다. 환경과 형편을 뛰어넘는 예배자의 모습이고 어느 순간에서도 하나님의 영광을 바라볼 수 있는 예배자의 모습이다. 질병이 나의 몸과 생각을 공격할 때, 현재의 환경이 나를 지배하려 들 때, 그 순간을 예배의 자리로 바꾸어라. 그 순간을 악한 영이 지배하고 잠식하는 공간이 아닌 하나님의 영광으로 덮이도록 예배하라.

하나님의 평화, 사랑의 물결이
오늘도 나를 덮어 주신다.
하나님! 감사해요.
오늘도 평안합니다.

머리털은 또 자라난다

2차 항암치료제_{아바스틴}를 추가로 주입한 후 내 몸은 이전 항암보다 조금 더 지치고 힘듦을 겪고 있다. 몸무게는 2킬로그램 정도 더 줄어들고 근육도 눈에 띄게 줄어 들었다. 2차 항암을 마친 후 몸도 마음도 개운하도록 샤워를 하는 도중 새로운 부작용이 나타났다. 머리를 감는 도중 한 움큼, 두 움큼 머리가 빠지는 것이었다. 순간 여러 생각이 교차한다.

'내 몸이 참 힘들었구나' 안쓰러운 생각과 함께 한 뭉치 빠져버린 머리털을 만지작거려 본다. 그리고 다시 스스로 위안을 삼아 본다. '머리는 다시 기르면 되지…'

성경의 사사기를 읽어보면 삼손에 대해서 나온다. 힘이 장사인 삼손! 나실인으로 태어나 하나님 앞에 드려진 경건의 삶을 살아야 했던 삼손이었다. 하나님께 받은 엄청난 힘의 능력을 가지고 있었지만 그는 하나님 주신 능력을 잘못 사용하곤 했다. 자기 정욕대로 주신 힘을 사용하던 그는 결국 능력을 잃게 되고 비참하고 허약한 자리에 이르게 된다.

암을 치유하는 앎

사사기 16:21-22

21. 블레셋 사람들이 그를 붙잡아 그의 눈을 빼고 끌고 가사에 내려
    가 놋 줄로 매고 그에게 옥에서 맷돌을 돌리게 하였더라
22. 그의 머리털이 밀린 후에 다시 자라기 시작하니라

비록 삼손은 잘못된 행실로 하나님 주신 힘을 잃었지만 하나님
의 계획은 그 순간까지도 포함하고 계셨다. 하나님 주신 힘의 원
천인 삼손의 머리털이 다시 자라나기 시작한 것이다. 머리털이 자
라나면서 삼손의 잃어버린 힘도 회복되었다. 회복된 것이 머리털뿐
만은 아닐 것이다. 자만하고 교만했던 모습에 회개가 있었고 잃어
버렸던 하나님을 찾게 되었다. 그리고 그는 살아 있었을 때보다 더
큰 하나님의 능력을 나타냄으로 생을 마감한다.

질병과 어려운 환경이 때론 우리를 나약하게 만든다. 머리털이
잘린 삼손처럼 말이다. 또한, 너무 힘들 땐 하나님께서 내게 허락
하신 많은 은사와 능력조차 사용하지 못할 때도 많다. 아니 내게
주신 하나님의 은사가 무엇인지 자각하지 못할 수도 있을 것이다.
그렇다면 이 때가 혹시 현재의 내 모습이 머리털이 밀린 삼손처럼
능력을 잃어버린 나약한 모습으로 살고 있는 것은 아닐까?

우리 말씀을 다시 기억하자. 머리털은 다시 자라난다는 것이다.
하나님이 내버려두지 않으신다는 것이다. 하나님을 온전히 찾고 만
날 때 하나님은 반드시 회복시켜 주신다는 믿음이다. 머리털이 자

라나듯……

고통을 지나가는 과정은 우리를 나약하게 할 것이다. 하지만 모든 고통 가운데 있는 영혼들에게 말해주고 싶다.

"당신은 삼손입니다. 이길 수 있는 힘과 능력이 있습니다. 하나님이 이기도록 해 주십니다. 삼손의 머리털이 자라듯 말이죠."

이 사실을 믿음으로 받아들일 때 난 오늘 또 이겼다. 하나님이 회복시켜 주실 테니까. 삼손처럼 말이다. 머리가 다시 풍성해지면 파마해야겠다.

당신에게는 숨겨진 힘이 있어요.
바로 '하나님이 함께하심'이라는 힘입니다.

암을 치유하는 앎

나눔

아픔을 경험하기 이전에는 주변의 아픈 사람들이 잘 보이지 않았다. 아픈 사람들을 대할 때도 형식적인 위로에 지나지 않은 인사 정도에 머물렀던 것 같다. 하지만 아픔을 경험하면서 주변의 사람들이 눈에 들어오기 시작했다. 나와 아내는 그동안 하지 못했던 미안함을 전복죽 한 그릇 또는 작은 것들, 선물, 때론 문자와 글을 써서 아픈 이들에게 미안함 그리고 기도와 위로의 마음으로 보내드렸다. 작지만 나눌 수 있는 기쁨이 내 마음을 따뜻하게 해준다.

성경의 사도행전을 보면 초대교회가 세워지는 모습이 나온다. 가진 것을 아낌없이 나누는 교회의 모습을 살펴보자.

사도행전 2:44-47

44. 믿는 사람이 다 함께 있어 모든 물건을 서로 통용하고
45. 또 재산과 소유를 팔아 각 사람의 필요를 따라 나눠 주며
46. 날마다 마음을 같이하여 성전에 모이기를 힘쓰고 집에서 떡을 떼며 기쁨과 순전한 마음으로 음식을 먹고
47. 하나님을 찬미하며 또 온 백성에게 칭송을 받으니 주께서 구원받는 사람을 날마다 더하게 하시니라

사람들은 위의 성경 말씀을 볼 때 "또 재산과 소유를 팔아"라는 구절에 주목할 수 있다. 그리고 그것에 부담과 의구심을 가질 수 있다.

'내 것을 다 팔아서 저렇게까지 해야 하는가?'

그러다 보면 나눔이라는 사역이 굉장히 힘들어질 수 있게 된다. 하나님이 말씀하신 나눔은 내가 힘에 겹도록 하는 나눔이 결코 아니다. 하나님은 우리의 영과 육이 풍성한 은혜와 복을 누리도록 만드셨기 때문이다.

창세기의 에덴을 생각해보라. 부족할 것이 없었다. 하나님이 채워주신 넘칠 만큼 평안과 기쁨이 있었지만 그것을 깨뜨린 것은 인간의 과욕이었다. 하나님 허락하신 것 이상을 차지하려는 인간의 과욕이 징벌이라는 결과를 불러냈다. 위의 구절을 다시 보자.

"물건을 통용하고", "필요를 따라", "마음을 같이 하여", "모이기를 힘쓰며" 그리고 "기쁨과 순전한 마음으로"에 주목을 해보자.

"물건을 통용하고"

먼저 하나님은 우리가 가진 것을 함께 사용하는 것에서 시작하도록 하신다. 현재를 살아가는 우리의 살림살이를 돌아보면 넘치도록 많은 것들이 있다. 때론 나의 과욕이 필요 없는 것들을 사 모아 놓도록 한 것도 참 많다. 이것들은 마음만 내려놓으면 부담 없이 나눌 수 있고 함께 사용할 수 있는 것들이다. 그렇다고 나쁜 것을 내놓지는 마라. 내가 쓰기에 불편하고 좋지 않은 것은 남들에게도 그럴 수 있다. 함께 쓸 수 있는 좋은 것들을 기쁘게 내놓을 수 있는 그 마음이 작지만 소중한 것이다.

"필요를 따라"

하나님은 필요에 따라서는 그 이상의 것들로도 도울 수 있도록 능력을 주시기도 한다. 사실 내 것을 팔아 내놓는 것 같지만 우리 가진 것은 내 것 아니라 하나님이 허락하신 재물의 능력, 즉 은사인 것이다. 하나님이 쓰시고자 하시면 내게 허락된 재물의 은사도 하나님의 나라를 위해 사용할 수 있어야 하는 것이다.

"마음을 같이하고", "모이기를 힘쓰며"

하나님 기뻐하시는 나눔은 "마음을 같이하는" 나눔이다. 물질이 있어야만 나눌 수 있는 것은 아니다. 마음만으로도 우린 얼마든지 위로할 수 있고 기쁨과 슬픔을 나눌 수 있게 된다. 마음을 모으는 것이 중요하다. 몸은 함께 있어도 마음이 모여 같이 하지 않는다면 그것은 별개나 다름없기 때문이다. 한 지붕 아래 가족으로 살면서도 마음이 같이 모이지 않으면 가족의 유대관계도 붕괴될 수 있다. 게다가 "모이기를 힘쓴다"라는 것은 마음과 연결되어 있다. 함께하거나 위로하고 싶은 마음도 모여야 나눌 수 있다. 모여서 아픈 이들을 위해 중보하며 기도할 수 있고 모여서 힘쓸 때 오순절 성령강

림과 같은 성령의 역사하심도 강하게 나타날 수 있는 것이다.

"기쁨과 순전한 마음으로"

마지막으로 "기쁨과 순전한 마음으로" 나눔을 하라 말씀하신다. 억지로 하는 것은 하나님이 원하지 않는 모습이다. 체면치레로 하는 것은 더욱 그렇다. 기쁨과 순전한 마음이 그 어떤 것보다도 진정한 나눔을 즐길 수 있도록 내 삶을 바꾸어 준다. 기쁨으로 떡을 한 조각 떼어 이웃에게 줄 수 있다. 순전한 마음으로 힘든 이의 어깨에 손을 올려 기도해 줄 수 있다. 결국 우리는 나눌 것이 너무 많다. 하나님이 우리에게 주신 것들이 너무 많기 때문이다. 다시 한 번 나의 나눔은 어떠했는가 살피게 하신다.

'너무 내 것만 고집하며 옹색하게 살지는 않았는가.'

'너무 인색하여 인사조차도 하지 않았던 모습도 많지 않았을까, 우린 때로는 상대방에게 하는 인사조차도 아까워했기 때문에 말이야.'

하나님은 이런 모습조차도 깨뜨리신다. 감사도 표현해야 알 수 있고, 기쁨도 나누어야 배가 된다는 사실을 왜 이제 더 체감하는 것일까?

주변에서 많은 것들로 나누어 주고 계신다. 잘 먹지 못할까 봐, 입맛이 없을까 김치도 만들어 보내주시고, 된장, 고추장, 과일, 그리고 따뜻한 위로와 격려, 무엇보다도 성도가 함께 힘써주는 기도로 나누어 주고 있다. 작지만 너무 큰 나눔으로 다가온다. 현재 나는 이 시대 초대교회의 모습이 여전히 이어져 나가고 있음을 몸소 경험하고 있다. 교회는 죽지 않았다는 것이다. 그리고 하나님이 사람들에게 심어 놓으신 영혼을 사랑하는 마음이 아직 살아 있다는 것이다. 그리고 초대교회가 나누었던 나눔과 사랑의 실천은 나로부터 시작될 수 있다는 것을 다시 발견한다. 바로 작은 것에서부터 말이다. 큰 것에서 시작하려 하지 마라. 작은 것에서부터 아주 작은 겨자씨가 자라 새들이 쉴 수 있는 나무가 되는 천국의 모습처럼 작은 것에서부터 나눌 수 있는 교회가 되자.

작은 것부터 나눔을 시작해 보라.
거창한 것을 주려 하면
하지 못할 때가 더 많기 때문이다.
작은 것에서 시작하다 보면 어느새 커진다.
당신의 마음이 날마다 커져가길 소망하며….

믿음의 대화 – 하나님을 통과하라

질병이라는 고통 가운데 날마다 하나님의 만져 주심의 은혜를 더욱 체감하며 살아가고 있다. 그 가운데 눈에 띄는 변화가 생겼다. 그것은 생각의 흐름과 대화가 크게 달라졌다는 것이다. 이전에 나의 생각의 방향과 대화를 되돌아보면 세상을 중심에 두고 하나님을 증거하는 지식적인 수준에 머물렀던 대화가 많았다. 살아 계신 하나님을 경험했음에도 불구하고 하나님이 중심 된 대화는 아니었던 것이다. 어찌 보면 설교자의 수준에서 하나님을 가르치고 나타내려는 대화의 방식이었고, 부끄럽지만 사실 겉치레로 목회자라는 가면을 쓰고 있는, 마치 하나님을 잘 믿는 것처럼 보이는 듯한 대화는 아니었을까 회개의 마음으로 지난 나의 모습을 되돌아보게 되었다. 하지만, 지금은 분명히 다르다. 나의 생각의 중심에 하나님이 서 계신다. 하나님이 나의 모든 생각의 흐름을 주관하신다. 세상적인 판단과 지식에 의존했던 생각의 흐름을 하나님은 바꿔 놓으신 것이다. 이제 모든 생각이 하나님을 통과하여 필터링 filtering 되어 걸러진다.

'하나님이 이렇게 하셨어', '하나님이 이렇게 하실 거야', '하나님이 이것 때문에 이렇게 하신 거였어', '하나님께 너무 감사해', '하나님

암을 치유하는 앎

이 힘주실 거야', '하나님이 책임져 주셔', '하나님이 이미 고쳐 주셨어'.

한 주간 와이프와 나눈 대화를 간략히 요약한 것이다. 우리 대화에도 모든 것의 중심이 하나님이 되어버렸다. 내 몸의 질병을 깨닫기 이전에는 우리 부부의 대화는 달랐다. 대화와 생각의 중심이 하나님이 아닌 우리가 가진 세상의 염려, 불안, 세상적 가치기준, 지식에 기반한 판단 등과 같은 내가 만든 기준에 필터링되어 나눈 대화였던 것이다.

이사야 43:1-3a

1. 야곱아 너를 창조하신 여호와께서 지금 말씀하시느니라 이스라엘아 너를 지으신 이가 말씀하시느니라 너는 두려워하지 말라 내가 너를 구속하였고 내가 너를 지명하여 불렀나니 너는 내 것이라
2. 네가 물 가운데로 지날 때에 내가 너와 함께 할 것이라 강을 건널 때에 물이 너를 침몰하지 못할 것이며 네가 불 가운데로 지날 때에 타지도 아니할 것이요 불꽃이 너를 사르지도 못하리니
3. 대저 나는 여호와 네 하나님이요 이스라엘의 거룩한 이요 네 구원자임이라...

이사야 43장을 보면 창조주 하나님께서 우리를 부르신 목적에 관해 말씀하신다.

하나님은 자녀 된 우리를 지명하여 부르셨다. 그리고 말씀하신다. "너는 내 것이야! 내가 너와 함께 하여 지켜주겠어! 그 어떤 것도

너를 쓰러뜨릴 수 없어. 넌 다치지 않아. 괜찮아. 왜냐하면 나는 너를 지키고 일으켜줄 하나님 되기 때문이고 내가 너와 함께 하기 때문이야!"

하나님의 마음을 읽게 된다. 내가 하나님의 것이라 하신다. 하나님을 순간순간 외면하고 서운하게 했던 부족한 나를 '하나님은 지켜 주신다'고 하신다. 다치지 않게 하시겠다고... 어느새 눈물이 흐른다. 이런 하나님이 내 마음에 중심 되어 서 계셔 주신다는 사실이 눈물겹다. 하나님은 언제나 우리의 중심에 서 계시길 원하셨을 것이다. 아니 우리의 대화에 하나님이 함께 자리잡길 원하셨을 것이다. 하지만 난 하나님을 내 중심에 세워 드리지 못했고, 나의 대화에 하나님은 구석의 자리에 내몰진 않았을까 생각했을 때 하염없는 눈물이 흐르게 되었다.

'죄송해요 하나님.'

지금 이 순간이 너무 감사하다. 이제 하나님께 중심을 내어드린 것 같아서 감사가 넘친다. 하나님이 나의 대화의 중심 되어진 것이 너무 행복하고 평안한 안정을 느끼며 내 입술의 대화가 하나님으로 채워지니 행복하다.

여러분의 대화는 어떤가? 하나님이 중심 되어 있는가? 하나님이 중심 되어 생각의 흐름을 필터링 해주고 계신가? 여러분의 생각이 하나님 중심으로 필터링되어 날마다 은혜와 행복, 기쁨과 소망, 확신과 위로, 사랑과 감격이 넘쳐나는 간증과 대화가 넘쳐나길…….

암을 치유하는 앎

나의 대화 속에 언제나
하나님이 주어가 되도록 문장을 만들어라.
그럼 하나님이 이끌어 주시는 삶을 살아갈 수 있다.
생각도, 마음도, 행동도, 그리고······.

당신이 하는 대화 속에 하나님이 보여질 것이다..

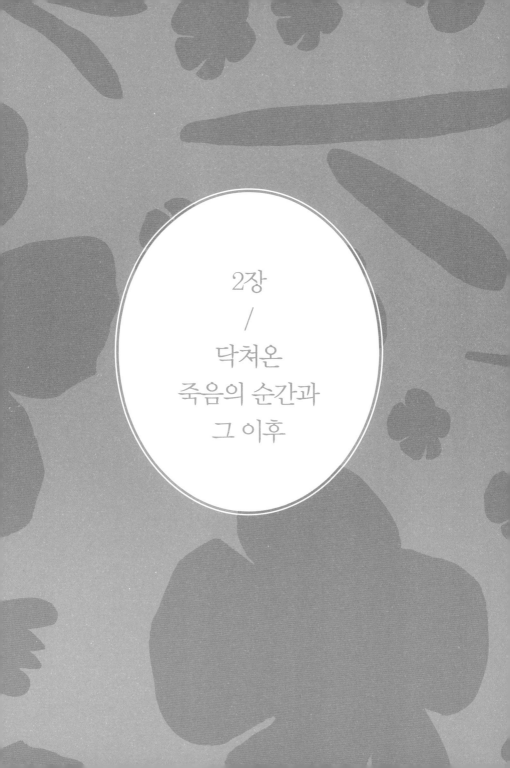

2장

/

닥쳐온
죽음의 순간과
그 이후

장폐색

4차 항암을 마치고 난 후 갑작스럽게 몸의 변화가 생겨났다. 가슴의 명치 부분이 볼록하게 막혀 있는 듯 붓고 답답한 증상이었다. 그동안 항암을 하면서 암으로 거의 막혀 있던 장이 완전히 막힐까 봐 제대로 먹지 못하고 조심스럽게 먹고 있었는데 말이다. 먹은 것도 별로 없는데 소화도 되지 않고 트림조차도 제대로 나오지 않는다.

너무 힘들다. 그리고 명치가 부어 있으니 아프기까지 하다. 순간 두렵기까지 하다.

'혹시 장이 막힌 것이 아닐까?'

그리고 몸의 상태가 급속도로 나빠지기 시작했다. 아무것도 먹을 수 없는 상태로 바뀌어버린 것이다. 누워 있는 것조차 힘들어 아등바등 몸부림을 치는 시간을 보내게 되었다. 이제 하나님이 급하게 일하심을 보게 된다. 주변의 지인을 통해 병원을 옮기고 대장암수술 준비를 빠르게 진행하도록 하셨다. S대학병원으로 옮겨졌고 급하게 수술 날짜를 잡게 되었다. 수술날짜가 구정연휴 2022년 설 명절 이후로 잡혔고 난 여전히 3주간의 시간을 기다려야 했다. 그동안 맞고 있던 아바스틴avastin 이라는 표적항암제 때문에 수술을 바로 할 수 없었기 때문이다.

3주라는 기다림의 시간이 내게 극심한 고통의 순간으로 찾아올 지는 그때는 생각도 못했다. 매일 기다림의 시간 동안 나는 먹지 못해 말라가고 있었고 장이 막혀가는 상황에서 화장실도 갈 수 없었다. 변이 나오지 못했던 것이다. 심지어 가스조차도 나오지 않았고 내 몸은 뒤틀리는 고통 가운데 시간을 지나가게 되었다. 이 시간 동안 몸무게는 60킬로그램까지 빠져버렸다. 맙소사! 난 보통 82~84킬로그램을 유지했던 체질이었는데……

몸을 움직일 때마다 배에서 이상한 소리가 계속 들린다. 막혀 있는 틈 사이로 물이 이리저리 왔다 갔다 움직이는 소리인 것 같았다. 움직일 때 마다 너무 아파서 어찌할 줄 모른다. 난 순간 하나님 아버지를 찾는다

'하나님 아파요, 살려 주세요', '하나님 너무 힘들어요, 빨리 수술시켜 주세요.'

극심한 고통 가운데서 나의 기도는 어느새 바뀌었다.

'하나님 저 이대로 잠든 사이 죽도록 해 주세요', '이 고통의 시간을 더 겪고 싶지 않습니다, 나를 그냥 이대로 데려가 주세요.'

깡말라버린 육체로 변해 버린 모습에 이제 눈물이 내 얼굴을 덮어버리고 있었다. 거울조차도 보기 싫었다. 현재의 내 모습을 확인하고 싶지 않던 것이다.

절체절명의 순간에 드려지는 기도가 '살려 주세요'에서 '죽여 주세요'라고 바뀌는 것을 보게 되었다. 그 순간은 차라리 '죽음'이 나를

암을 치유하는 앎

도와주는 방편인 듯 보였다. 너무 괴롭기 때문에 말이다. 예수님께서 골고다 언덕 십자가에 못박혀 매달리신 그때의 기도가 있다.

"엘리 엘리 라마 사박다니" 그리고 "다 이루었다".

이 뜻은 "나의 하나님 나의 하나님 어찌하여 나를 버리셨나이까" 라는 뜻이다. 예수님도 말할 수 없는 극심한 고통 가운데 계셨고 아버지 하나님을 찾고 계신다. 아파하셨다. 죽을 만큼 참을 수 없을 만큼 힘들어하셨다.

살아가면서 죽을 만큼 많은 아픔을 겪으며 살고 있는 사람들이 많다. 자식을 먼저 보낸 아픔, 사랑하는 사람과의 헤어진 이별의 아픔, 상처받은 마음들, 질병 가운데 힘든 싸움을 하고 있는 사람들 등 죽을 만큼 삶을 힘겨워 하는 이들이 있다. 하지만, 힘을 내야 한다. 시편 118편 말씀에 환난 가운데 있는 다윗의 고백이 내 마음에 힘을 준다.

"내가 고통 중에 여호와께 부르짖었더니 여호와께서 응답하시고 나를 광활한 곳에 세우셨도다 여호와는 내 편이시라 내게 두려움이 없나니 사람이 내게 어찌할꼬... 여호와는 나의 능력과 찬송이시요 또 나의 구원이 되셨도다 의인의 장막에 기쁜 소리, 구원의 소리가 있음이여 여호와의 오른손이 권능을 베푸시며 여호와의 오른손이 높이 들렸으며 여호와의 오른손이 권능을 베푸시는도다 내가 죽지 않고

살아서 여호와의 행사를 선포하리로다" (시편 118: 5-17)

고통 중에 부르짖을 때 듣고 응답하시는 이가 계시다고 한다. 바로 하나님이시다. 하나님은 우리를 고통 가운데 내버려두시지 않는다. 고통 가운데 있는 우리를 바라보시며 하나님은 더욱 힘들어 하실지도 모른다. 사랑하는 자녀가 아파하는 것을 덤덤히 지켜볼 부모가 어디 있겠는가! 이 순간 하나님은 나와 함께 참고 기다리고 계신 것이다. 이 시간이 반드시 지나가야 하기에 그러면 다시 살아날 수 있기에 말이다. 이 시간을 허락하신 것도 하나님이시고 이 시간을 해결하실 이도 하나님이시기 때문이다.

아픈가? 죽을 만큼 힘든가?
부르짖어라.
듣는 이가 계시다.
바로 아버지 되시는 하나님이시다.

암을 치유하는 앎

하나님의 사람들

대장암 수술을 위해 K대학병원에서 S대학병원으로 옮겨야 하는 상황이 되었다. 현재 진행되고 있는 장폐색 증상이 심각해지고 있었기 때문이었다. 병원을 옮기고 이후의 일들을 위해 하나님께서는 이미 예비하셨던 사람들을 사용하셨다. 하나님이 준비해 놓으신 사람들, 바로 여호와이레 히브리어로 '여호와가 준비한다'라는 뜻 의 사람들이 있었던 것이다.

성경을 보면 하나님께서는 준비된 사람들로 일하심을 보게 된다. 죄악이 번영한 그 때에 의인 노아를 세워 땅에 일어날 심판을 예비하게 하셨고, 아브람을 불러 하나님 백성으로 택함 받은 땅의 축복과 자손의 번영을 이루어가셨고, 애굽의 종살이 가운데 살아가던 이스라엘 백성을 이끌 모세가 준비되었고, 우상숭배로 물들어 하나님을 잃어버리고 인간의 욕망과 생각에 빠져버린 이스라엘을 이끌 사사들, 이외에도 하나님이 이미 준비하신 많은 사람들을 사용하여 일하시는 하나님의 모습이 있었기 때문이다.

하나님은 그가 창조한 사람들을 통해서 일하고 계신다. 쓸모없는 사람은 아무도 없다. 악한 모양이든, 선한 모양이든, 어떤 모양이든 간에 하나님이 쓰겠다 작정하시면 하나님의 계획의 일부가 되는 것이다. 이런 모습은 사도행전 9장에 나오는 당시 예수 그리스도를 따르던 성도들을 박해하던 사울이라는 사람을 부르심에서도 보게 된다.

사도행전 9:10-16

10. 그 때에 다메섹에 아나니아라 하는 제자가 있더니 주께서 환상 중에 불러 이르시되 아나니아야 하시거늘 대답하되 주여 내가 여기 있나이다 하니

11. 주께서 이르시되 일어나 직가라 하는 거리로 가서 유다의 집에서 다소 사람 사울이라 하는 사람을 찾으라 그가 기도하는 중이라

12. 그가 아나니아라 하는 사람이 들어와서 자기에게 안수하여 다시 보게 하는 것을 보았느니라 하시거늘

13. 아나니아가 대답하되 주여 이 사람에 대하여 내가 여러 사람에게 듣사온즉 그가 예루살렘에서 주의 성도에게 적지 않은 해를 끼쳤다 하더니

14. 여기서도 주의 이름을 부르는 모든 사람을 결박할 권한을 대제사장에게 받았나이다 하거늘

15. 주께서 이르시되 가라 이 사람은 내 이름을 이방인과 임금들과 이스라엘 자손들에게 전하기 위하여 택한 나의 그릇이라

16. 그가 내 이름을 위하여 얼마나 고난을 받아야 할 것을 내가 그에게 보이리라 하시니

사울은 하나님을 믿는 성도들을 박해하고 죽였던 사람이었다. 그런데, 15절에 "이 사람은… 택한 나의 그릇이라"고 하나님은 말

씀하신다. 비록 그의 이전의 삶은 하나님을 대적하고 성도를 핍박하던 자였지만 그 역시도 하나님의 사용 계획 안에 있던 준비된 사람이었던 것이다. 결국 사도 바울의 인생은 어떠했는가? 하나님을 증거하는데 누구보다도 앞장선 강력한 복음전도자로 사용되었다.

하나님은 준비된 자들을 통해 일하신다. 그렇게 준비된 자는 '나'일수도 아니면 다른 '누군가'일 수도 있다. 하나님의 일하심을 믿는다면 그가 사용하는 준비된 사람들이 누구인지 볼 수 있는 믿음의 눈을 가지기 바란다. 내 눈에는 하찮고 소용없어 보일지라도 하나님이 사용하시면 그 어떤 것보다도 강력한 도움으로 내게 다가오기 때문이다. 난 결국 하나님이 준비하신 사람들을 통해 다음 단계를 통과하게 되었다.

당신은 하나님의 준비된 사람인가?
과연 하나님은 나를 어떻게 사용하실까?
하나님은 나를 위해 어떤 사람들을 사용하실까?
기대하며 기다리며 살아가자.

수술 전 끝없는 고통

항암 4차를 마치고 내 배에는 극심한 고통이 찾아오게 되었다. 음식을 삼킬 수조차 없는 배의 고통과 체한 듯 꽉 막혀 있는 답답함 속에 살게 되었다. 이런 증상이 3주간 지속되면서 난 미음조차도 제대로 삼킬 수 없는 상태까지 되어버렸다. 몸의 근육은 점차 빠져가며 체력은 급속도로 악화되어 3주간 체중이 무려 17킬로그램이나 빠져버렸다. 눕는 것조차도 고통이었고 순간순간 '이대로 죽는 것은 아닌가'라는 생각이 나를 사로잡았다. '이렇게 죽어갈 수 있구나! 이대로 조용히 잠들면 좋겠다'라는 죽음에 가까운 그림자가 나를 덮고 있는 듯했다.

그 순간 어떤 것도 나를 붙잡아 주지 못했고 기도조차 할 수 있는 힘이 없었다. 그저 내 마음과 입속에는 '주여', '주여'뿐이었다. 이 순간 주님은 어디 계셨을까? 과연 이 고통을 주님은 어떻게 끝내 주실 것인가? 많은 질문이 내 생각을 거쳐 지나갔다. 하지만 불평하지 않았다. 승리를 주실 하나님을 기대하며 마음 한편의 내 작은 믿음은 하나님을 붙들었다.

'하나님이 해 주실 거야', '이 순간을 통과시켜 주실 것이고 붙잡아 주실 거야' 나의 절망의 끝자락에 하나님이 서 계심을 바라볼

암을 치유하는 앎

수 있는 믿음이 죽어가는 이 순간 나를 살린다. 그렇다. 우리에겐 언제 어느때라도 죽음의 그림자가 닥쳐온 듯한 절망적인 순간이 찾아올 수 있게 된다. 그럴 때 우리는 바라볼 수 있는 하나님이 계시다는 사실을 반드시 인식해야만 하는 것이다.

사무엘하 22:2-7

2. 이르되 여호와는 나의 반석이시요 나의 요새시요 나를 위하여 나를 건지시는 자시요

3. 내가 피할 나의 반석의 하나님이시요 나의 방패시요 나의 구원의 뿔이시요 나의 높은 망대시요 그에게 피할 나의 피난처시요 나의 구원자시라 나를 폭력에서 구원하셨도다

4. 내가 찬송 받으실 여호와께 아뢰리니 내 원수들에게서 구원을 받으리로다

5. 사망의 물결이 나를 에우고 불의의 창수가 나를 두렵게 하였으며

6. 스올의 줄이 나를 두르고 사망의 올무가 내게 이르렀도다

7. 내가 환난 중에서 여호와께 아뢰며 나의 하나님께 아뢰었더니 그가 그의 성전에서 내 소리를 들으심이여 나의 부르짖음이 그의 귀에 들렸도다

　

다윗의 고백처럼 "스올의 줄"과 같은 사망이 지금 나의 숨통을 옥죄이며 위협하고 있다. 그리고 어두컴컴한 방 침대에 나홀로 누워 있고 그 누구도 이 순간 나를 도와줄 수 없다. 수술 전 끝없는 고통 가운데 있던 나는 하나님만 바라봐야만 했다. 오직 하나님이

"스올의 줄"을 끊어 주실 수 있는 분이시기 때문이다. 이 순간 가족들은 내게 아무것도 해 줄 수 없어 울기만 한다. 나를 붙잡고 울며 기도를 한다.

"하나님 살려주세요, 이 고통이 어서 지나가게 해주세요."

이미 내 눈에는 벌써 3주간 눈물이 계속 맺혀 있다. 너무 힘드니까 울지 않으려 해도 눈물이 나온다.

죽음의 순간이 닥쳐올 때
우린 어디로 피할 것인가?
반석이고 방패 되시고 나의 피난처 되시는
하나님께 피하라.
그가 나를 죽음으로부터 구원하실 이심을 믿자!

암을 치유하는 앎

대장암수술

긴급하게 입원 후 수술을 위한 준비를 하게 되었다. 이미 난 3주간 아무것도 먹을 수 없는 상태로 몸무게가 17킬로그램 이상 빠져버리고 몸에 근육이 다 사라져버린 상태였다. 몸과 얼굴이 수척해지고 이전의 모습은 온데 간데없이 사라졌다. 수술을 위해 먼저 장을 비워야 하는 장청소가 필요했다. 장을 비우는 약을 마셔도 장이 도무지 비워지지 않는다. 왜냐하면 이미 내 속의 장은 거의 막혀 있었기에 장 속에 남아 있는 음식찌꺼기가 빠져나오지 않는 것이었다. 가뜩이나 먹지 못한 내 몸이 대장클리닉 약으로 인한 배출 때문에 점점 더 메말라가고 있었다. 2번의 대장클리닉과 2번의 관장을 해도 더 이상 배출이 되지 않아 지금 상태로 그대로 수술을 하기로 했다.

하얗게 칠해진 수술실에 들어가게 되고 이제 내 얼굴에는 호흡기가 착용되었다. 순간 내 마음은 두려움보다는 빨리 이 순간이 지나가길 그리고 '한숨 자고 싶다'라는 생각이 들었다. 지금 이 순간 수술대까지 오기까지 난 너무 지쳐 있었다. 그냥 순간 잠들었으면 하는 생각뿐이었다.

'아마 잠들면 다 끝나 있을 거야' 그리고 난 잠들었다.

너무 힘들고 두려울 땐 잠들려 애쓰라.
잠자면 지나간다.

마취에서 깼을 때

으악! 으악! 너무 아파요! 난 갑자기 소리를 지르고 있었다. 수술이 끝나고 난 후 회복실로 옮겨져 있었고, 이제 마취에서 막 깨어난 것이었다. 극심한 고통이 내 몸을 뒤틀고 있었다. 옆에는 간호사가 있었고 계속 말을 걸어준다.

"숨 크게 쉬셔야 해요", "일정한 간격으로 숨을 크게 마시고 내뱉고 해보세요."

그런데 그게 안 된다. 너무 아픈 나머지 '끅끅'대는 신음과 동시에 내 몸이 뒤틀리며 들썩여진다.

"으, 너무 아파요. 도와주세요."

수술은 4시간이 예정되었지만 3시간 만에 끝나게 되었다. 수술은 잘되었다고 한다. T결장 수술로 약 90cm 이상의 결장을 잘라내었다고 한다. 아픔의 눈물과 감사의 눈물이 동시에 흘러나왔다. 사실 수술 전 너무 두려웠기 때문이었다.

'혹시 내 몸을 열어보았는데 수술할 수 없을 정도로 악화가 되어 있으면 어쩌지.'

다행하게도 수술은 잘 마쳐졌고 다시 병실로 옮겨지게 되었다. 수술하고 나오자 아내가 내 모습을 보며 펑펑 운다.

"수술 잘 되었대, 이제 빨리 회복하자."

우리 신앙에도 하나님이 우리를 수술하는 시간이 필요하다. 그것을 성경은 "시험"이라고 말하기도 한다. 우리의 병든 마음, 신앙이 고쳐지고 성장하는 시간, 바로 내게 닥쳐오는 시험의 시간이다. 하나님께서도 그가 택한 백성을 위해 수술을 하셨다. 노아의 홍수의 시간, 광야의 40년의 시간, 사사기의 혼란한 시간, 포로의 시간 등 많은 수술을 하셨다. 그때마다 백성들은 하나님을 찾게 된다. 그리고 하나님을 온전히 바라볼 때 하나님은 다시 회복하도록 하셨다.

하지만 인간은 힘을 되찾으면 하나님 의지하는 시야가 흐려진다. 그리고 자신의 힘으로 하려는 의지가 강해진다. 그리고 그 힘은 다시 하나님으로부터 멀어져 죄를 쫓아가는 삶으로 회귀하는 속성이 나타난다. 왜 그럴까? 왜 이리 인간은 하나님을 실망시키는 존재로 다시 되돌아가려 한 것일까? 성경의 사사기 Judges 를 살펴보면 인간의 세상으로 회귀본능의 원인이 무엇인지 알 수가 있다.

> "그 때에는 이스라엘에 왕이 없었으므로 사람마다 자기 소견에 옳은
> 대로 행하였더라" (사사기 17:6)

우리는 내 눈에 좋은 것만 먼저 보려고 한다. 당시 이스라엘 백성들도 마찬가지였다. 자기들 눈에 좋은 것들, 세상적인 것, 우상들이 하나님보다 먼저 보였던 것이다. 그리고 조금이나마 힘이 생기

암을 치유하는 앎

면 하나님보다 자신을 위해 그 힘을 사용하려 애썼다. 그것의 결과가 우상숭배로 나타나고 영적 타락으로 나타나게 된 것이다. 그러니 하나님은 더 이상 내버려두실 수 없었고 하나님의 '수술'이 필요했던 것이다.

수술 후 마취에서 깨어났을 때 극심한 고통이 있었지만 결국 지나갔다. 고통이 찾아올 때마다 몸에 부착된 진통제 버튼을 꾹 누르며 고통을 버텨냈고, 난 이제 새로운 회복을 기다리며 이 시간을 지나가게 되었다.

우리 인생에도 하나님 개입하시는
수술의 시간이 필요할지도 모른다.
하나님으로부터 멀어진 내 모습을 살펴보라.
수술하면 너무 고통스럽고 아프지만,
수술해야 내가 건강해지고 나을 수 있는
시간이 필요할 수도 있다.
수술하지 않아도 건강하게 살 수 있도록
나를 먼저 살피라.

진짜가 되라

S대학병원에서 나를 수술해준 담당의사는 대장항문외과 박 교수이다. 그를 처음 만났을 때는 어딘가 말수가 적고 엄격해 보였다. 혹시라도 궁금해서 질문이라도 하려고 하면 말도 못 꺼내게 할 정도였다. K대학병원에서 S대학병원으로 옮긴 직후 박 교수를 만나자마자 그는 나에게 말한다.

"왜 이제 왔어요. 에휴. 수술부터 해야지. 대장이 다 막혀서 못 먹어. 당장 날짜 잡아서 수술합시다."

갑자기 겁이 덜컥 났다. 조금만 늦었어도 더 큰일이 생길 뻔했던 것이다. 그래서 하나님이 이토록 급하게 병원을 옮기도록 하신 것이다. 나를 다시 살려 주려고, 수술해 주시려고 말이다. 그래서 이 모든 시간을 예비하셨구나! 난 박 교수님을 하나님이 나를 위해 붙여 준 여호와이레의 사람으로 믿고 따라가려 한다.

'믿고 따라 가리라', '하나님이 그를 통해 나를 살려 주실 거야.'

하나님이 주시는 믿음이 그를 향해 많은 신뢰를 가지게 한다.

박 교수에 대해 더 이야기해 보려 한다. 그에게는 전국 각지에서 수많은 환자들이 몰려든다. 외래라도 한번 검진하려면 보통 대기시간이 3시간이다. 그만큼 그를 찾는 환자가 많다.

'왜 그럴까?', '어떤 사람이길래.'

차갑고 말수가 없이 엄격해만 보이던 그에게 내가 찾을 수 있던 비밀이 있었다. '진짜 의사'라는 것이다. 그는 환자를 위해 식사도 제대로 할 수 없을 만큼 바쁘게 환자를 만난다. 그리고 퇴근을 미뤄가며 밤 늦게까지도 환자를 진료한다. 그를 보면 '최선을 다해, 마음을 다해' 환자를 살피는 '진정성'이 느껴졌다. 차갑고 엄격해 보였지만 점차 그의 말 속에서 따뜻함과 신뢰가 느껴진다.

수술 후 박 교수를 복도에서 마주쳤다.

"괜찮아? 큰일 날 뻔했어. 당신 소장에 음식이 빠져나가지 못하고 머물러 있어서 소장까지 썩을 뻔했어." _{박 교수의 반말은 기분 나쁘지 않다. 친밀함이 더욱 느껴진다.}

'헉, 어쩐지. 그래서 고통받던 3주간 내 몸속에서 쪼로록 하는 도랑물 흘러가는 소리가 들렸구나' 아찔했다. 자칫 수술이 더 늦어졌다면 소장까지도 썩을 뻔했던 상황이었던 것이다.

"이제 수술 잘되었으니까 잘 먹고 운동 많이 해!"

"네, 감사합니다, 교수님."

짧은 몇 마디였지만 난 그의 말에서 사랑과 위로를 많이 느꼈다. 참 고마운 의사다. 그럴 수 밖에. 하나님이 붙여 주신 사람이니까! 새로운 도전이 생긴다. 나도 '진짜 목사'가 되고 싶다는 거룩한 도전이다. 말 한마디에도 힘이 있고 큰 사랑과 신뢰를 느끼도록 할 수 있는 그런 하나님의 사람이 되는 도전이다. 성경 말씀 요한복음

10장을 살펴보면 "삯꾼"에 관한 말씀이 있다.

> "나는 선한 목자라 선한 목자는 양들을 위하여 목숨을 버리거니와 삯
> 꾼은 목자가 아니요 양도 제 양이 아니라 이리가 오는 것을 보면 양을
> 버리고 달아나나니 이리가 양을 물어 가고 또 헤치느니라 달아나는
> 것은 그가 삯꾼인 까닭에 양을 돌보지 아니함이나 나는 선한 목자라
> 나는 내 양을 알고 양도 나를 아는 것이 아버지께서 나를 아시고 내가
> 아버지를 아는 것 같으니 나는 양을 위하여 목숨을 버리노라" (요한
> 복음 10:11-15)

영어 성경을 보면 "선한 목자"는 the good shepherd 라 표현하고
"삯꾼"은 a hired hand 고용되어진 일손 라고 말한다. 즉, 선한 목자는 "the
good" 좋은 것을 나누는 사람이고, 삯꾼은 단지 영리적인 목적을
가지고 일하는 사람을 표현한다. 다른 무엇보다 자신의 영리가 목
적인 사람인 것이다. 자신이 주인이라는 의식보다는 고용된 분량만
일하는 모습이다. 선한 목자는 자신이 돌보는 양을 위해 목숨까지
버릴 정도로 최선을 다한다. 하지만 삯꾼은 자신의 목숨까지 버릴
주인의식과 책임의식이 없다. 단지 자신만 피해를 입지 않을 정도
만 일하면 된다고 생각한다.

목회 현장을 보면 삯꾼과 같은 모습들을 보게 된다. 사람들 관
계에 있어서 자신의 영리가 최우선시 되는 모습들이다. 하나님께서
주신 사명에 대한 주인의식과 책임도 별로 없다. 심지어 목사도 그
렇다. 자신이 피해입지 않을 정도에서만 목양 Ministry 이 아닌 일 Work

암을 치유하는 앎

을 한다. 단지 자신이 손해 입지 않을 정도에서만 말이다. 그래서 연약한 성도를 만나도 위로도 제대로 하지 못한다. 영혼을 향한 뜨거운 마음과 책임이 없기 때문이다. 기도도 제대로 해 주지 않는다. 말씀을 전하는 것도 직업의식 정도의 수준에서만 전달한다. 목사로서 프라이드 자부심도 별로 없다. 그럼 이것은 삯꾼의 모습이 아니겠는가! 그렇다면, 내게도 적용해 봐야 한다.

'나는 어떤 목회자였을까?'

'선한 목자 the good shepherd 일까 아니면 삯꾼 a hired hand 일까?'

감사하게도 선한 목자가 되기 위해 나 스스로 노력하며 살았다는 자부심이 있다. 물론 부족한 면도 많았다. 하지만, 하나님 앞에 칭찬받는 청지기 servant 가 되기 위해 언제나 노력하며 준비하는 자세가 있다고 자부한다. 조금 더 말씀을 잘 가르치고 전하기 위해, 그리고 연약한 심령을 돌보기 위해 애써왔기 때문이다 난 교회에서 상담도 잘 해주는 목사다.

박 교수를 만나고 '나는 어떤 목사였는가', '진짜 목사가 되자'라는 회고와 도전을 가지게 된 것이 감사하다. 암이라는 절벽을 만나 아무것도 할 수 없이 좌절할 수밖에 없는 상황이지만, 하나님은 그의 모습을 통해 새로운 도전을 바라보는 힘을 부어 주고 계신 것이다. '진짜'로 살기 힘쓰면 진짜 성도, 진짜 목사, 진짜 인간이 되어질 것이다. 교회내에서도 가식 hypocrite 이 얼마나 많은가? 세상의 가치 기준과 의식이 교회에도 그대로 적용되면 안 된다. 있어 보이려고 하고, 좀 더 높아 보이려고 하고, 나의 눈의 들보보다는 남의 눈의 티끌을 먼저 보려 하고, 믿음이 있어 보이려 하고, 진짜 성도인 척하려는 가식은 이제 버려야 한다. 그리고 다시 옷을 갈아입어야 한다. 아버지의 재산을 탕진한 샀꾼과도 같은 '돌아온 탕자 the prodigal son'에게 좋은 옷으로 다시 입혀 진정한 아들의 모습으로 회복시켜 준 것처럼 말이다.

가짜는 언제나 시끄럽다. 예전에 남대문 시장에도 가보면 "골라! 골라! 한 개 오천 원 두 개 만원" 시끄럽게 외치며 짝퉁 가짜 제품을 파는 노점판매원들이 있었던 기억이 난다. 가짜는 시끄러워야 팔린다. 진정성과 신뢰가 없기에 자신의 가치를 어필해야 하기 때문이다. 하지만 명품시장에 가 보았는가? 조용하다. 그리고 강렬하다. 특별히 시끄럽게 어필하지 않아도 그 가치와 신뢰가 살아 있다. 진짜이기 때문이다. 성도로 살아가는 우리의 모습도 이와 같아야 할 것이다. 시끄럽지 않아도 성도로서 진정성 있게 살아감을 통해 크리스천 Christian 이라는 강렬한 신뢰도를 세상에 드러내는 것이다. 진짜 크리스천의 모습이 나를 통해 세상에 보여진다면 그것이 하나님 기뻐하시는 일이 아닐까?

난 진짜 크리스천일까? 가짜 크리스천일까?
'진짜'로 한번 살아 보자.
그 가치와 자부심이 엄청나게 커질 것이다.

암을 치유하는 앎

걸음마에서 달리기까지

대장암 수술과 이후 수술 부위가 아물지 않던 2개월의 시간은 내게 있어 걷지 못하는 갓난아기와 같은 시간이었다. 마치 갓 태어난 아기가 탯줄에서 공급받던 영양과 숨을 끊고 난 후부터 세상에서 새롭게 먹는 방법, 숨쉬는 방법, 살아가는 방법을 배우듯 말이다. 상처로 인해 몸을 움직이는 것이 쉽지 않다. 찢어진 근육 때문에 복부에 힘이 전혀 들어가지 않아 화장실 가서 배변하는 것도 어렵다. 힘을 주지 못하기 때문이다. 몸을 일으키기도 어렵고, 걷는 것도 굉장히 조심스럽다. 조그마한 충격에도 상처가 찢어질 듯이 아프기 때문이다.

대장암 수술 직후 다음 날부터 담당의사는 나에게 일어나 걸으라고 했다.

'아니 너무 아파서 계속 진통제를 눌러대는 나에게 일어나 걸으라고?'

말도 안 돼는 일이다. 그런데 걸어야 한다고 한다. 걸어야 빨리 낫는다고. 그래서 아픈 배를 움켜쥐고 걷기 시작했다. 걷는 속도는 마치 거북이와도 같다. 100미터를 걷는 데 30분 이상 소요된다. 그래도 빨리 낫기 위해서 걸어야만 했다.

성경에도 이스라엘 백성을 걸음마 시키는 거북이의 시간이 존재한다. 애굽의 종살이로부터 빠져나온 이후 광야의 40년의 시간은 이들에게는 하나님을 예배하는 백성으로 달려가기 위한 걸음마의 시간이었던 것이다. 대략 3일 정도면 하나님이 "가라"고 지시한 가나안 Canaan 으로 갈 수 있던 거리였다. 하지만 하나님은 그것을 허락하지 않으셨다. 이스라엘 백성들은 애굽에서 종살이하며 우상을 섬기던 모습을 벗고 하나님을 예배하는 예배자로 거듭나야만 했다. 게다가 가나안에는 많은 우상이 존재하였고 이스라엘 백성이 현재의 영적 상태로 그곳에 들어가면 하나님을 버리고 우상숭배에 빠져들 수밖에 없었기 때문이다. 그래서 이스라엘 백성은 40년의 광야의 걸음마 시간 동안 하나님을 예배하는 백성으로 다시 태어난다. 하나님을 예배하는 백성의 신앙의 자세, 모습, 경건의 훈련, 신앙교육 등 처음부터 다시 배우게 된다.

아이들은 때론 투정과 불평이 많다. 자기가 원하는 것을 해 달라고 떼를 쓴다. 울고 보채고, 소리지르고, 때론 화도 낸다. 하나님께 떼를 쓰고 보챈다. 애굽을 막 탈출한 이스라엘의 백성은 떼를 쓰고 보채는 아이의 모습과도 같았다. 왜 광야로 데리고 나왔냐고 한다. 종살이하던 애굽으로 다시 보내 달라고 한다. 배고프다고 옷 달라고, 고기 달라고, 힘들다고 하며 투정과 불평이 끝이 없다.

"이스라엘 자손 온 회중이 그 광야에서 모세와 아론을 원망하여 이스

　　　　　　　　　　　암을 치유하는 삶

라엘 자손이 그들에게 이르되 우리가 애굽 땅에서 고기 가마 곁에 앉아 있던 때와 떡을 배불리 먹던 때에 여호와의 손에 죽었더라면 좋았을 것을 너희가 이 광야로 우리를 인도해 내어 이 온 회중이 주려 죽게 하는도다" (출애굽기 16: 2-3)

"거기서 백성이 목이 말라 물을 찾으매 그들이 모세에게 대하여 원망하여 이르되 당신이 어찌하여 우리를 애굽에서 인도해 내어서 우리와 우리 자녀와 우리 가축이 목말라 죽게 하느냐" (출애굽기 17:3)

"여호와께서 들으시기에 백성이 악한 말로 원망하매 여호와께서 들으시고 진노하사 여호와의 불을 그들 중에 붙여서 진영 끝을 사르게 하시매" (민수기 11:1)

"온 회중이 소리를 높여 부르짖으며 백성이 밤새도록 통곡하였더라 이스라엘 자손이 다 모세와 아론을 원망하며 온 회중이 그들에게 이르되 우리가 애굽 땅에서 죽었거나 이 광야에서 죽었으면 좋았을 것을 어찌하여 여호와가 우리를 그 땅으로 인도하여 칼에 쓰러지게 하려 하는가 우리 처자가 사로잡히리니 애굽으로 돌아가는 것이 낫지 아니하랴" (민수기 14:1-4)

정말 불평이 끝이 없다. 걸음마도 떼지 않고 벌써 달리기를 하려 한다. 걸음마도 못하는 아기가 뛰려고 하면 되겠는가? 반드시 넘어지고 말 것이다. 그래서 하나님은 백성들에게 걸음마의 시간을 주셨다. 더 튼튼하고 건강한 하나님의 백성으로 만들기 위해서다.

나에게 수술 이후의 시간은 걸음마의 시간과도 같았다. 고통 가운데 하나님의 은혜를 되돌아보는 나의 신앙이 다져지는 시간이 있었고, 이제 수술 후 다시 어떻게 회복시키실 것인가에 대한 하나님을 향한 소망과 기대감이 나를 조금씩 걸어가도록 만들고 있기 때문이다. 지금은 자리를 벅차고 일어나는 것조차 힘들고 한걸음 걸음을 떼는 것조차 너무 힘들고 버겁지만 난 이 시간을 이겨내고 언젠가 힘차게 걷고 뛸 것이다. 하나님이 뛰도록 하실 테니까.

우리 신앙을 다시 되돌아보는 것은
신앙인에게는 걸음마의 시간과도 같다.
정신없이 뛰다 보니 하나님은 온데간데없고
알 수 없는 장소에 넘어져버렸다면,
다시 원래의 자리로 돌아가라.
그리고 하나님의 손을 붙잡고
처음부터 뚜벅뚜벅 걸어보는 것이다.
그러면 더욱 건강해져서
언젠가 더 멀리 뛸 수 있을 것이다.
믿음으로!

씻어냄

T결장 수술 이후 상처가 아물지 않아 꿰맨 상처 부위에 물이 차기 시작했다. 배에서 스멀스멀 스며 나오는 물 때문에 수술한 자리가 아물지 않아 매일 닦아내야 하는 고통이 시작됐다. 닦아내지 않으면 근육 위의 근막까지 찢어지는 위험한 상태까지 될 수 있는 상황이었다. 그래서 상처의 물을 짜내어 닦기 위해 다시 입원을 하게 되었다.

'아! 이 고통은 언제 끝나지' 순간 한숨과 두려움이 찾아온다.

우리 신앙에도 씻어내는 시간이 있다. 인간의 죄악을 씻어내고, 더러움을 씻어내고, 아픔을 씻어내고, 고통을 씻어내고… 제대로 씻기 위해서는 짜내어 닦아야 한다. 내 안에 스며들어 나를 하나님으로부터 멀어지게 하는 것들이 많기 때문이다. 세상의 철학 사상, 무분별한 트렌드, 많은 우상과 유혹, 재물, 탐욕, 이기적 생각 등 하나님께 가까이 나아가지 못하도록 막는 것들을 내 몸 깊은 곳에서부터 짜내어 닦아내야 하는 것이다. 하나님보다 더 귀하고 높게 생각했던 세상적인 것들을 짜내어 닦아내는 것이다.

성경의 레위기를 살펴보면 성막에 관한 자세한 설명이 나온다. 성막이란 이스라엘이 출애굽 이후 광야 생활에서 하나님께 제사를 드리던 거룩한 예배의 장소였다. 성막 안에는 하나님의 임재를 상징하는 법궤_{언약궤}가 위치한 지성소가 또한 자리하고 있었다. 거룩한 지성소에 까지 나아가기 위해 거쳐야 하는 단계가 있었다. 번제단과 물두멍이 위치한 성막, 그리고 떡상, 촛대, 금향단이 놓여있는 성소, 마지막으로 가려진 휘장 뒤로 하나님의 법궤가 자리한 지성소까지 나아가는 제사였다. 성막에 들어가 가장 먼저 하나님께 드릴 희생의 제사물을 각을 뜨고 번제단 위에 놓아 불로 온전히 태우며 이 단계는 인간의 죄를 하나님의 거룩한 불로 태우는 회개와도 같다. 나의 욕망을 태우고 나의 죄악을 하나님 앞에 태워버리는 것이다. 그리고나서 거룩한 물이 담긴 물두멍에 다가가 손을 깨끗이 씻는다. 아픔을 씻어내고, 고통을 씻어내고, 하나님 앞에 가까이 다가가지 못하게 했던 수많은 부끄러움과 죄악을 씻어낸다. 제물을 태운 번제단의 의식과 물두멍의 씻어냄은 마치 회개와 함께 하나님 부어 주시는 성령의 씻어 주심의 모습과도 같다. 성경을 살펴보면 물이라는 것은 하나님의 성령을 뜻하기도 한다.

> "이는 물과 피로 임하신 이시니 곧 예수 그리스도시라 물로만 아니요 물과 피로 임하셨고 증언하는 이는 성령이시니 성령은 진리니라 증언하는 이가 셋이니 성령과 물과 피라 또한 이 셋은 합하여 하나이니라" (요한계시록1 5:6-8)

물과 피, 그리고 성령 이 모든 것이 예수 그리스도를 증언하는

암을 치유하는 앎

표시라고 한다. 이 말씀을 신앙에 적용해보면 현재 내가 겪고 있는 고통이 참 힘들지만, 이 고통 또한 예수 그리스도를 기억하며 나타내는 시간이 되길 바라는 것이다. 상처 부위의 피와 물을 짜내어 닦으면서 고통 가운데 하나님을 찾게 된다.

'하나님 빨리 아물게 해 주세요', '상처가 아물고 빨리 새 살이 돋게 해 주세요.'

물기를 씻어내는 고통 가운데 눈물 흘리며 더욱 간절히 하나님을 바라보게 된다. 눈물과 함께 회개의 기도가 쏟아져 나온다. 눈물과 함께 드리는 회개의 기도는 어느새 나를 깊은 충만한 은혜를 바라보도록 붙들어 준다.

'지나갈 거야', '좀 만 더 참자', '날 다시 살려 주시기 위해 더 건강히 회복시켜 주시기 위해 이 시간이 존재하는 것이야.'

한껏 눈물을 흘리고 나니 내 마음이 다시 평온해졌다.

아픈가? 고통스러운가?
닦아내고 씻어내라.
하나님 주시는 눈물로 말이다.
그럼 낫는다.

상처를 뜯다

수술하고 봉합한 자리가 도대체 아물지를 않는다. 아바스틴 Avastin 이라는 표적항암제가 상처를 아물지 못하게 하고 있다. 수술한 부위에 물이 차 짜내고 닦는 데에 한계가 있어 차라리 봉합을 뜯어서 닦아 말리는 방법을 택하게 되었다. 다시 생각해 봐도 이 작업은 너무 아프다. 상상 이상으로 말이다. 그래도 어쩌겠는가? 낫기 위해서는 이 방법밖에 없으니 말이다. 뜯어 놓은 봉합부분을 눈으로 직접 보기가 두렵다. 그래서 보지 않았다. 그래도 드러내야 한다. 감춰져 가려진 곳에 숨은 물기까지 닦아야 한다

때론 낫기 위해 다 드러내야 하는 부분들이 있다. 숨겨놓고 '언젠가 괜찮아지겠지'가 아니다. 적나라하게 드러내야 하는 시간이다. 여기 다윗의 이야기가 있다. 자기 대신 전쟁에 내보낸 장수 우리야의 아내 밧세바를 성적 탐욕에 사로잡혀 범한 사건이다. 아마도 보는 눈이 없었으니 자신만 눈감고 드러내지 않으면 별일 없을 줄 알았을 것이다. 하지만 하나님의 생각은 그렇지 않았다. 죄악을 드러내야 했다. 다윗을 사랑하셨기 때문이다. 그리고 선지자 나단을 보내어 책망하신다.

"나단이 다윗에게 이르되 당신이 그 사람이라 이스라엘의 하나님 여
호와께서 이와 같이 이르시기를 내가 너를 이스라엘 왕으로 기름 붓
기 위하여 너를 사울의 손에서 구원하고 네 주인의 집을 네게 주고 네
주인의 아내들을 네 품에 두고 이스라엘과 유다 족속을 네게 맡겼느
니라 만일 그것이 부족하였을 것 같으면 내가 네게 이것 저것을 더 주
었으리라 그러한데 어찌하여 네가 여호와의 말씀을 업신여기고 나
보기에 악을 행하였느냐 네가 칼로 헷 사람 우리아를 치되 암몬 자손
의 칼로 죽이고 그의 아내를 빼앗아 네 아내로 삼았도다" (사무엘하
12:7-9)

  다윗의 부끄러움이 다 드러나게 된 것이다. 사람은 모르겠지만
하나님은 다 알고 계시기 때문이다. 죄는 마치 '암'과도 같다. 숨어
서 자란다. 만약 빨리 발견하지 못하면 암이 급속도로 자라 다른
장기까지 침범하여 망쳐 놓는 것처럼 죄도 마찬가지다. 빨리 발견
해야 하고, 빨리 드러내야 한다. 죄에 익숙해지지 않도록 말이다.
  봉합한 자리를 뜯어내고 뜯어진 자리의 고름과 물기를 수차례
닦기를 하였다. 며칠 간의 고통의 치료과정을 마친 후 2차 봉합을
하게 되었다. 재차 꿰맨 자리가 마치 다리가 수십 개 달린 지네의
형상처럼 그다지 이쁘진 않다. 하지만 시간이 지나면서 완전히 봉
합되었다. 새살이 돋고 봉합 자리가 메워진다. 이제 물이 새지 않는
다. 할렐루야! 고통이 지나갔다.

숨겨놓은 것들을 하나님 앞에 드러내라.
지금은 아프지만 시간이 지나면
새 살이 덮어 더 건강해질 수 있다.

사라진 근육

난 평소 운동을 좋아한다. 다양한 운동을 통해 평상시에도 건강한 근육을 유지했고 동일 연령에 비해 근육도 평균 이상으로 좋은 몸을 유지하며 살았다. 하지만 놀랍게도 단 3주만에 모든 근육이 사라졌다. 3주간의 장폐색 증상으로 인해 아무것도 먹지 못한 상태로 고통받는 가운데 온몸의 근육이 사라진 것이다. 마치 뼈만 앙상하게 남은 듯한 모습이었다 생각해 보라. 75킬로그램에서 58킬로그램까지 단 3주 만에 17킬로그램이 빠져버렸으니 말이다.

근육은 면역체계를 형성한다고 한다. 근육이 우리 몸의 싸울 수 있는 힘을 만들고 저장하는 기능을 가진 것이다. 신앙에도 근육이 필요하다. 영적 근육이다. 우리의 영이 하나님을 의지하고 믿는 신앙으로 힘을 얻어 건강해지는 것이다. 신앙의 삶에는 많은 공격이 있다. 이것을 버티고 싸워 이길 수 있는 면역의 힘이 바로 영적 근육에서 나오게 된다. 영적 근육이 무엇인가를 좀 더 깊이 묵상할 수 있는 성경의 말씀이 에베소서에서 나온다.

에베소서 6:10-20

10. 끝으로 너희가 주 안에서와 그 힘의 능력으로 강건하여지고

11. 마귀의 간계를 능히 대적하기 위하여 하나님이 전신 갑주를 입으라

12. 우리의 씨름은 혈과 육을 상대하는 것이 아니요 통치자들과 권세들과 이 어둠의 세상 주관자들과 하늘에 있는 악의 영들을 상대함이라

13. 그러므로 하나님의 전신 갑주를 취하라 이는 악한 날에 너희가 능히 대적하고 모든 일을 행한 후에 서기 위함이라

14. 그런즉 서서 진리로 너희 허리 띠를 띠고 의의 호심경을 붙이고

15. 평안의 복음이 준비한 것으로 신을 신고

16. 모든 것 위에 믿음의 방패를 가지고 이로써 능히 악한 자의 모든 불화살을 소멸하고

17. 구원의 투구와 성령의 검 곧 하나님의 말씀을 가지라

18 모든 기도와 간구를 하되 항상 성령 안에서 기도하고 이를 위하여 깨어 구하기를 항상 힘쓰며 여러 성도를 위하여 구하라

19. 또 나를 위하여 구할 것은 내게 말씀을 주사 나로 입을 열어 복음의 비밀을 담대히 알리게 하옵소서 할 것이니

20. 이 일을 위하여 내가 시사슬에 매인 사신이 된 것은 나로 이 일에 당연히 할 말을 담대히 하게 하려 하심이라

"주 안에서와 그 힘의 능력으로 강건하여"라고 바울은 에베소서에서 말씀한다. 이는 "마귀의 간계를 능히 대적하기 위한" 것이며 이를 위해 "하나님의 전신 갑주를 입으라"고 말한다. 즉 신앙에는 영적 싸움, 전쟁이 있다는 것이다. 전쟁터에서 나를 좀 더 안전하게 보호할 수 있는 것은 "갑옷 Armor"이다. 신앙에도 하나님이 주시는 갑옷이 있는데 이는 진리의 허리띠, 의의 호심경, 복음의 신발, 믿음의 방패, 구원의 투구, 그리고 말씀의 검이다.

암을 치유하는 앎

암환자에게 있어서 갑옷과 같은 것은 근력이라고 생각한다. 근력이 있어야 체력을 지키고, 근력을 통해 면역을 증진시켜 체내에 들어온 항암제를 버텨낼 수 있게 만들기 때문이다. 암진단을 받은 1년 후 근력을 더 키우기 위해 체육관에 등록을 하였다. 달리기, 자전거, 팔/다리 운동, 어깨운동 등 근력운동에 많이 집중을 하였다. 근력을 키우고 나니 달라진 것은 외형적인 자신감 상승과 동시에 피로감에 대한 저항력이 많이 좋아졌다는 것이다. 항암환자는 항암제로 인해 간에 부담이 증가하면 급속도로 피로가 쌓이게 된다. 그리고 순간 체력이 빠져 피로감을 확 느끼게 된다. 피로가 밀려오면 머리도 띵하고 구역감도 상승하게 된다. 그런데 근력과 체력을 길러낸 후 피로에 대한 신체 저항력이 커지면서 항암 부작용을 좀 더 잘 버티게 되었다는 사실이다.

언제까지 그리고 어디까지 앞으로도 항암을 해야 할지 나는 모른다. 하지만, 기약없이 계속되어야 할 싸움이라면 긴 싸움을 잘 버틸 수 있도록 앞으로도 근력을 키우는 데 많이 집중할 예정이다. 항암의 부작용으로부터 나를 힘있게 조금 덜 지치게 지켜줄 수 있는 갑옷되기 때문이다. 난 이 시간도 항암 주사를 뽑자마자 운동복으로 갈아입고 운동하러 간다. 항암제로 인해 머리도 약간 어지럽고 몸에 기운도 없고, 속도 불편하지만 그것으로 인해 누워 있고 싶지 않기 때문이다. 운동하러 나오니 기분이 상쾌하다. 다시 힘이 솟는다.

암환자 여러분!
힘들지만 그래도 근력을 키우도록 노력해보라.
지금 당장은 괴롭고 피곤하지만
근력이 암을 맞서 함께 싸워줄 갑옷이 될 것이다.

걸음의 미학

걷는 일들이 많아졌다. 아니 의도적으로 더 많이 걸으려고 하고 있다. 걷는 순간은 내게 하나님의 은혜를 되돌아보고 현재를 살아 가는 감사를 묵상하며 기도하는 순간이 된다.

'하나님 살게 해 주셔서 감사해요.' '하나님 걸을 수 있는 건강을 주셔서 감사해요.' '하나님 더 살게 해주세요.' '하나님 내게 더 많은 기회의 시간을 허락하세요.'

달릴 때는 보지 못했던 것들이 천천히 걸으니 보여지고 보게 된 다. 그것도 자세하게 말이다. 내가 건강하고 힘이 있을 때는 보지 못 했다. 건강하니까 더 빨리 뛰려 했고, 더 멀리 보려고만 하니 내게 가까이 있는 것을 보지 못했던 것이다. 내게 주어진 감사를 보지 못 했고, 내가 현재 누리고 있는 기쁨과 은혜를 보지 못했다.

나이가 들어가니 시력이 좀 이상하다. 가까운 것도 잘 안 보이고, 때론 멀리 있는 것도 잘 안 보이고. 이게 말로만 듣던 '노안'이라는 것일까? 시력이 좋아지려면 눈 주위의 근력을 키우는 것이 중요하 다고 한다. 그리고 초점 운동을 많이 하라고 한다. 멀리 보다가 가 까이 보다가, 눈동자를 위, 아래, 좌, 우 양옆으로 굴리면서 눈의 근력을 키워내는 것이다. 작은 힘이지만 이 힘이 조금씩 쌓여 눈의 근력이 시야를 좋게 만들어 주는 것이다.

우리의 신앙도 이런 모습이어야 하지 않을까? 하나님께 한 걸음 나아가는 힘을 길러내어 그의 원대한 계획을 바라볼 수 있는 능력을 만들어내는 것이다. 하나님을 의지하며 살아가는 백성의 모습은 신앙의 발걸음을 통해 믿음의 근력을 키워 나가는 모습이다. 믿음의 삶을 천천히 걸어가다 보면 그동안 보지 못했던 것들을 재발견하게 될 것이다. 감사를 재발견하고, 은혜를 재발견하고, 아름다운 믿음의 삶을 재발견하게 된다.

달리는 자동차에서는 아름다운 풍경을 제대로 느낄 수 없겠지만, 천천히 걸으며 바라볼 때는 보지 못하고 놓쳤던 것들을 찾고 자세히 볼 수 있게 된다. 우리 인생 역시 마찬가지다. 세상의 속도를 쫓아 살다가 보니 하나님을 자세히 보지 못하고 살아왔을 것이다. 속도를 늦추고 다시 한번 바라보라. 믿음 안에서 아름다운 것들을 재발견할 수 있을 것이다.

뛰지 말라. 걸으라. 좋은 것을 발견할 때까지.
반드시 보게 된다.

암을 치유하는 앎

가 보지 않은 길

　나는 지금 암투병이라는 가 보지 않은 길을 걸어가고 있다. 그 끝이 어디인지 모르지만 조심스럽게 한 발자국 발걸음을 옮기고 있다. 주위를 둘러보면 자신 있고 힘차게 걸어가고 있는 사람들을 보게 된다. 내가 걸어가는 속도와 차이가 많다.

　'어찌 저렇게 자신 있게 걸어갈 수 있을까?'

　내심 부러우면서도 난 현재의 내 발걸음에 만족한다.

　'나에겐 이것도 감사해.'

　우린 가보지 않은 길을 걸어가게 된다. 때로는 그 길이 꽃길 _{한국 사람들은 "꽃길만 걸어요"라며 축복하는 인사를 하기도 한다} 이 될 수도 있지만 때로는 가시밭길일 수도 있다. 그래도 우린 우리에게 주어진 '가 보지 않은 길'을 걸어가게 된다. 가 보지 않은 길을 걸어간다는 것에는 기대감과 소망, 때로는 확신도 있겠지만 현재의 나에게는 두려움이 더 크다. 군데군데 가시가 많이 있고, 여전히 걷는 길이 험하기 때문이다. 그렇다. 암이라는 가시와 늪이라는 장애물이 내가 가는 길 앞에 존재하고 있다.

　'나도 꽃이 활짝 핀 꽃길을 걸어가고 싶은데.'

　그런데 하나님은 지금 나에게 이 순간 험한 길을 허락하셨다.

'과연 어떤 계획이실까?'

영광의 상처라는 말이 있다. 힘들고 어려웠지만 결국 영광이 있었다는 것이다. 하나님은 험한 이 길을 통해 하나님이 인도하시고 이겨내게 하신 그 영광을 받으실 계획이 있으시리라 나는 믿는다. 현재 내 몸에는 상처가 많고 잘 아물지도 않고 있지만 이 상처가 바로 예수님이 내 몸에 남기신 흔적이라 생각하는 것이다. 하나님의 영광을 바라보게 만드신 흔적이다. 사도 바울의 고백이 있다.

> "이후로는 누구든지 나를 괴롭게 하지 말라 내가 내 몸에 예수의 흔적을 지니고 있노라" (갈라디아서 6:17)

바울은 예수의 복음을 증거하면서 많은 일들을 겪었다. 죽음의 위협, 비난, 박해 등 이런 일들을 겪으면서 그의 몸에는 예수로 인한 흔적이 점점 진해진다. 그에게 예수의 흔적이 강렬해질수록 하나님을 증거하는 복음의 능력은 더욱 거대한 산이 되고 결국 예수의 위대한 복음전도자의 삶을 살게 된다. 예수의 복음전도자라는 길은 그에게 많은 상처가 있던 길이었지만 그 상처를 예수님은 영광의 모습으로 받으시고 사용하셨다.

희망이 생긴다. 내게도 지금의 상처가 하나님 영광으로 받으시기 소망하는 것이다. 현재 내 몸에 새겨진 상처를 예수를 위해 사용하는 것이다. 예수님이 영광으로 받으시도록 말이다. 그렇다면, 가보

암을 치유하는 앎

지 않은 길이지만 그 길의 끝에는 영광의 꽃밭이 기다릴 것이다.

끝이 보이지 않고 상처 많은 힘든 길을 걷고 있는가?
그대로 끝내 주저앉지 마라.
그 길의 끝에 서 계신 예수의 영광을 바라보라.
꽃길로 바뀐다.

삶의 무게

　병원에서 항암제를 2시간 30분 동안 투여 받고, 그리고 몸에 작은 수류탄 모양 같은 항암제를 달고 집으로 돌아온다. 2박 3일간 이제 또 항암제를 몸에 달고 다니면서 맞는 것이다. 주먹 크기만 한 사이즈의 항암제이지만 몸이 느끼는 무게는 굉장히 무겁다. 몸이 처지고, 부착되어 있는 항암제는 내 몸을 굉장히 불편하게 하고 있다. 주사를 부착하고 집에 돌아가니 아이가 반가운 얼굴로 나에게 안기러 뛰어온다. 그런데 주사 때문에 안아 줄 수 없다.

　'아기야 미안해, 지금 안아 줄 수가 없어.' '주사 빼면 많이 안아 줄게.'

　순간 마음이 슬프다. 하지만 어쩌겠는가 견뎌내야지. 항암제를 맞고 있는 동안 몸이 무거워 누워 있게 된다.

　'빨리 지나가라 이 무거운 시간들아.'

　성경에 보면 이 무거운 짐을 덜어내 주시기 위해 하나님이 말씀을 주셨다.

> "수고하고 무거운 짐진 자들아 다 내게로 오라 내가 너희를 쉬게 하리라 나는 마음이 온유하고 겸손하니 나의 멍에를 메고 내게 배우라 그리하면 너희 마음이 쉼을 얻으리니 이는 내 멍에는 쉽고 내 짐은 가벼움이라 하시니라" (마태복음 11:28-30)

암을 치유하는 앎

무거운 짐을 들고 주께 나아가면 쉼을 주신다고 한다. 하나님이 주시는 쉼은 평안이 있는 쉼이다. 육신과 마음이 쉼을 얻는 평안이다. 내 몸은 비록 지금 무겁지만 하나님께 이 시간 쉼을 구한다.

'날 붙들어 주세요.' '무거워서 내 몸과 마음이 어둠의 나락으로 빠져들지 않도록 도와 주세요.' '몸은 비록 무겁지만 독수리가 앙망하여 날갯짓하며 올라가는 힘을 내게 주세요.'

무거웠던 2박 3일이 지나가고 내 몸에서 주사를 빼냈다. 아직 속도 좋지 않고 몸은 여전히 무겁지만 주사를 빼내어 버렸다는 것이 내 마음을 가볍게 만든다.

'또 일주일 시간 벌었잖아 난 2주마다 항암을 한다.'

집으로 빨리 달려가자. 반갑게 나를 향해 달려오는 아기를 와락 안아 줄 수 있으니까. 벌써부터 나에게 달려와 와락 안길 아기의 모습과 아기가 풍겨낼 사랑스러운 냄새에 마음이 들뜬다. 빨리 만나러 달려 가야지!

'아기야 기다려라 아빠가 간다.'

삶이 무거운가?
주께 구하라.
무겁지 않도록.
내가 잠시 쉴 수 있도록.

되돌아옴

암 투병 기간 동안 교회사역을 쉬면서 몸을 돌보아왔다. 감사하게도 병가 기간 동안에도 교인들은 나를 위해 많은 기도와 격려, 또 찾아와 음식과 많은 도움을 전달해주었다. 지금껏 받은 것도 많은데 여전히 위로가 끊이지 않는다. 난 순간 생각해본다.

'어떻게 해야 이것을 다 갚을 수 있을까?'

내가 하루 빨리 건강해져서 다시 이전처럼 말씀을 전하고, 가르치는 자리로 되돌아가는 것이라 생각이 든다. 감사하게도 일상을 살아가면서 항암을 할 수 있도록 항암제 투약량이 조절되고[부작용이 강한 항암제 중 옥살리플라틴oxaliplatin 을 빼버렸다. 특별히 말초신경계 부작용이 심각해지기 때문이었다. 항암제 1개만 줄여도 몸이 느끼는 반응에 대한 강도차가 크다] 약 8개월 만에 교회로 돌아갈 수 있게 되었다.

교회로 되돌아온 순간 많은 교인들이 기쁨을 함께 나눈다.

"잘 오셨어요", "회복해 주셔서 감사합니다", "하나님이 반드시 목사님을 고쳐 주실 것입니다."

얼굴을 마주하며 서로 반가움을 나누니 기쁨이 배가 된다. 비록 암 투병 이전의 모습과 지금의 모습은 많이 다르겠지만, 서로 다시 얼굴을 마주할 수 있다는 현재의 기쁨과 나를 위해 하나님께 드린 성도의 기도가 열매를 맺었다는 사실에 더욱 큰 기쁨과 감사가 있는 듯하였다. 순간 나는 교인들의 기도의 열매가 되어버렸다. 교인들의 기쁨이 더욱 커지도록 나는 앞으로 더욱 좋은 열매가 되어야 한다. 건강하고, 충만하고, 은혜로 더욱 맺어지는 열매다.

성경의 로마서 마지막장 16장은 사도 바울이 한 사람 한 사람 이름을 부르며 함께 맺어왔던 열매를 기억하는 장면이 나온다. 그의 복음전도사역 동안 만나고 함께했던 사람들이 참 많았던 것 같다. 때론 바울을 위해 자신의 목숨까지 내놓았던 사람도 있었고, 어머니같이 자신을 사랑해 주던 사람도 있었고, 옥중에 갇혀 함께 고생하던 동역자도 있었다. 바울에게 이들은 기쁨 그 자체였다. 마치 전쟁터에서 생사고락을 함께하던 전우와도 같았을 것이다. 아픔도 고통도 슬픔도 기쁨도 감사도 모든 것에 함께 할 수 있는 바로 전우의 모습이다. 단 한 가지 목표를 놓고 말이다. 바로 하나님 영광의 은혜다.

당신의 되돌아갈 자리는 어디인가? 그 자리에는 하나님 영광의 은혜가 있는 자리인가? 아니면 되돌아갈 자리가 없는가? 그래도 괜찮다. 이제부터라도 내가 있는 자리가 하나님의 영광과 기쁨이 함께하는 자리가 되도록 만들어가면 된다. 언제라도 다시 되돌아갔을 때 하나님의 은혜와 감사와 기쁨의 열매가 가득한 자리 되도록 말이다.

내가 있는 그 자리에
하나님 은혜의 열매가 아름답게 맺어지는
자리 되도록 만들자

반전

커피가 대장암에 좋다는 뉴스를 본 적이 있다. 국립암센터와 미국 종양학회에서는 "커피에 풍부한 카페인 Caffeine 과 클로로젠산 Chlorogenic acid 등 항산화 성분이 대장암 발생 위험을 낮추는 것으로 여겨진다"라고 발표했다 네이버 발췌. 난 평소 커피 마시는 것을 좋아했었다. 그래서 커피를 즐겨 마셨다. 그런데 반전이 있다. 커피는 찬 성질의 음식이다. 따뜻하게 마셔서 몸을 따뜻하게 해 주는 듯하지만 커피는 성질이 차갑다고 한다. 마실수록 몸을 차갑게 만드는 것이다. 암의 성질 또한 차갑다. 암은 차가운 것을 좋아하기에 차가울수록 암의 활동은 더 왕성해진다. 그래서 암환자가 신경 써야 할 것은 몸을 따뜻하게 만드는 것이다. 그래서 몸을 따뜻하게 만들어 주는 음식을 먹고, 혈액순환이 잘 되도록 운동을 해서 체온을 따뜻하도록 유지하는 것이 중요하다.

성경을 보면 예수님의 열두 명의 제자가 나온다. 그들을 택하여 함께 동고동락하면서 예수님이 누구신가에 대해 몸소 보여주며 가르쳐 주셨다. 예수님이 떠나시고 나면 예수님이 누구인가를 전파하고 가르치는 것은 바로 열두 제자의 몫이었다. 그런데, 열두 명의 제자 중에 가룟 유다라는 사람이 등장한다. 그리고 그가 예수님을 돈 받고 팔아 넘겨버린다.

누가복음 22:1-5

1. 유월절이라 하는 무교절이 다가오매
2. 대제사장들과 서기관들이 예수를 무슨 방도로 죽일까 궁리하니 이는 그들이 백성을 두려워함이더라
3. 열둘 중의 하나인 가룟인이라 부르는 유다에게 사탄이 들어가니
4. 이에 유다가 대제사장들과 성전 경비대장들에게 가서 예수를 넘겨 줄 방도를 의논하매
5. 그들이 기뻐하여 돈을 주기로 언약하는지라

처음 성경을 읽을 때 예수님의 제자들은 다 착하고 좋은 사람들, 특별히 더 능력이 있는 사람들일 것이라 생각했었다. 그런데 그렇지 않았다. 능력 있고 담대한 믿음을 지녔을 것 같은 베드로도 예수님이 십자가에 달려 돌아가신 후 사람들이 베드로가 그의 제자인 줄 알아보자 그는 예수님을 부인하며 심지어 욕까지 하며 도망간 모습도 있었기 때문이다. 베드로뿐만 아니라 예수님의 다른 제자들도 모두 숨어버렸다. 하지만 그들의 끝은 어떠했는가? 베드로는 울고 회개하며 다시 예수를 증거하는 제자로 돌아오고, 숨어버렸던 나머지 제자들은 성령의 능력을 통해 나머지 예수의 제자의 삶을 살다가 순교한다. 반면 예수를 은 삼십 냥에 팔아 넘겼던 가룟 유다는 스스로 목을 매어 죽음을 택한다.

우리는 어떠할까? 나도 신앙생활을 하면서 반전의 반전을 보여주는 그런 모습은 아니었을까?

'크리스천이라 말하면서도 삶의 본모습은 더 이기적이고, 가식적인 모습은 혹시 아니었을까?'

'하나님의 복음을 전파한다 하면서 정작 하나님의 말씀에 의심을 품고 살아가던 모습은 아니었을까?'

'사랑합니다, 축복합니다 말로는 선포하면서 정작 사랑하며 축복하는 모습이 없는 그런 신앙인은 아니었을까?'

'믿음이 있었다가 없었다가 좌충우돌하는 종교인의 모습은 혹시 아니었을까?'

나 스스로 '내 신앙의 모습은 어떠한가' 반드시 되돌아볼 필요를 느낀다. 거울에 비친 겉치레적 내 모습이 아닌, 깨진 거울을 통해 왜곡된 내 모습을 들여다보는 것이다.

난 여전히 따뜻한 커피를 가끔 즐겨 마신다. 나쁜 측면도 있지만 좋은 측면도 있기에 내 몸을 살피며 조심스럽게 내가 좋아하는 것을 놓치지 않으려 노력하며 마시고 있는 것이다. 우린 하나님을 믿는 성도로 살아가면서 동시에 세상적 욕망과 싸우며 살아간다. 세상을 완전히 등지고 살 수는 없다. 세상에 속해 살아가면서 성공과 실패의 과정을 통해 살아가게 된다. 참으로 반전이 많은 세상이다. 하지만, 이런 반전 속에서 하나님은 하나님이 이끄시는 승리의 대반전을 계획하고 계심을 믿으며 살아나가야 한다. 왜냐하면 하나님은 세상 가운데 복음과 믿음을 가지고 승리하는 삶을 살도록 우리를 만드셨기 때문이다. 그렇게 하기 위해서는 우린 더 많은 신앙적 노력이 필요하다. 나를 더 잘 살피고, 내게 강하고 약한 것, 내게 좋은 것 좋지 않은 것을 잘 구분하며 살아갈 때 내가 즐거워하는 것을 놓치지 않으면서도 기쁨으로 하나님 믿는 신앙을 지키며 살아갈 수 있는 성도가 될 수 있기 때문이다.

즐겨라!
즐거워하는 것을 지켜내라!
단, 하나님 믿는 올바른 신앙 안에서.

암을 치유하는 앎

몸집 불리기 프로젝트

　대장암 수술 후 사라져버린 체력을 다시 회복하기 위한 시간이 필요했다. 하지만, 항암을 하면서 체력을 만든다는 것은 너무 어려웠다. 참으로 피나는 노력과 긴 시간을 필요로 했다. 항암을 하면 2박 3일 동안 주사를 맞고 있어야 했고, 항암제의 부작용으로 인한 간 liver 수치 상승과 그로 인한 피로감, 음식을 먹지 못하는 구역감과 떨어진 면역으로 인해 운동하는 것이 쉽지 않았기 때문이다. 그래도 2주마다 해야만 하는 항암을 견뎌내기 위해서는 이를 악물고 운동을 해야 했다. 매일 대략 5km 걷기/뛰기를 했다. 눈이 오나 비가 오나 아침/저녁으로 운동을 위해 나갔다. 걷는 시간은 운동의 시간이기도 했지만 찬양을 듣고, 또 이 시간 내가 걷고, 뛰고 할 수 있는 감사의 기도가 넘쳐나는 시간이기도 했다.

　'걸을 수도 없던 내가 이제는 뛰기까지 할 수 있다니!'

　이전에는 잘 걸어 다니는 동네 할머니와 청년들 모습만 봐도 부러워했던 나였다.

　'저 할머니 참 씩씩하게 잘 걸어 다니시네 부럽다.'

　'저 청년은 몸도 좋고 참 건강해 보인다 부럽다.'

　그런데 지금의 내 모습은 이제 내가 남부럽지 않게 뛰어다닌다는 사실이다.

2022년 12월부터 _{항암 20차 이후}는 근육을 더욱 늘리기 위해 아파트 단지 내 운동센터에 등록을 하여 근육운동을 시작하였다. 대장암 진단받은 후 1년 만에 그리고 수술 후 10개월 만에 다시 운동센터에 복귀한 것이다. 감사의 눈물이 흘렀다. 내가 이 자리에 다시 돌아올 줄은 생각도 할 수 없었기 때문이었다. 근육운동을 조심히 하면서 체력은 점차 더 좋아지기 시작했다. 근육운동을 하면서 얻은 이점은 운동을 해서 체력적으로 무리가 되어 피로감이 더 쌓일 것 같지만 그렇지 않다는 것이다. 운동을 할수록 피로감을 이겨내는 체력이 향상된 것이다. 항암을 하게 되면 급하게 체력이 소진된다. 피로감도 엄청나게 쌓여 항암 중에는 체력적으로 지쳐 누워 있는 시간이 많기 때문이다. 너무 힘들면 일어나기도 힘들지만, 조금이라도 일어날 수 있으면 걷는 것이 오히려 도움이 되었던 것이다. 근육운동을 통해 몸을 키우고 나니 사람들은 내가 대장암 4기 환자인 줄 전혀 모른다. 오히려 건강한 다른 사람들보다 웨이트_{weight}도 더 무거운 것을 들고 힘차게 운동을 하고 있기 때문이다.

성경을 보면 하나님의 "몸집 불리기" 프로젝트가 있다. 사도행전에 그 모습이 잘 나온다.

"사람마다 두려워하는데 사도들로 인하여 기사와 표적이 많이 나타나니 믿는 사람이 다 함께 있어 모든 물건을 서로 통용하고 또 재산과 소유를 팔아 각 사람의 필요를 따라 나눠 주고 날마다 마음을 같이 하여 성전에 모이기를 힘쓰고 집에서 떡을 떼며 기쁨과 순전한 마음으로 음식을 먹고 하나님을 찬미하며 또 온 백성에게 칭송을 받으니 주께서 구원받는 사람을 날마다 더하게 하시니라" (사도행전 2:43-47)

예수님이 십자가에 달려 돌아가신 후 성도들은 박해로 인해 뿔뿔이 흩어지게 되었다. 예수님의 제자들도 도망갔는데 사람들이 두려움에 흩어져버린 것은 당연한 모습일지도 모른다. 하지만, 이 흩어짐에는 하나님의 계획이 또한 존재했다. 더 강한 교회의 모습으로 만들어지기 위한 하나님의 거룩한 섭리 divine providence 가 있던 것이다.

사도행전 2장의 말씀을 보면 초대교회가 어떻게 시작되고 형성되었는지 그 모습을 볼 수 있다. "함께 있었고," 서로 "통용 함께 나눔"하였고," "필요를 따라 나누어" 주었고 "마음을 같이하여… 먹고… 찬미하고… 기쁨을 나누는" 그런 모습을 통해 기독교는 초라했던 모습에서 왕성한 모습으로 자라가게 되었던 것이다. 이를 통해 기독교는 역사에 있어서 엄청난 부흥과 성장을 경험하게 된다.

나를 위한 하나님의 몸집 불리기 프로젝트는 운동부터 시작하여 주변의 지인들을 통해 초대교회가 함께 있고, 나누고, 마음을 같이하는 경험을 하게 하신다. 잘 먹지 못하니까 때마다 음식을 만들어 공급해 주셨던 많은 감사한 분들을 준비해 주셨고, 때마다 응원의 메시지와 기도를 보내 주시고, 계속 드는 병원비에 보태라며 물질로 도와 주셨던 분들을 붙여 주셨고, 찾아와 기도해 주고, 함께 울어 주는 사람들까지… 감사가 넘친다.

현재의 나는 75킬로그램에 근육이 더 많아진 모습이다. 몸집이 엄청나게 불어났다. 그리고 이 체력을 통해 지금 현재도 26번째_{2023년 3월}를 넘어서는 항암을 잘 견디며 이겨내고 있다.

당신은 작거나 왜소하지 않다.
하나님은 당신을 더 건강해지도록 키워내기 위해
준비해 놓으신 프로젝트가 있을 것이다.
기대하라! 얼마나 커질지!

암을 치유하는 앎

왜 당연하다고 생각하는가?

우리는 살아가면서 내 삶, 내 주위의 것들을 당연한듯 무심하게 지나쳐버릴 때가 많다. 아침에 눈을 뜨는 것, 물 마시는 것, 숨쉬고 호흡하는 것조차 당연한 듯 순간 무심하다. 여기서 질문을 먼저 해 보겠다. 왜 당연하다고 생각하는가? 왜 내게 있는 것이 당연한 듯, 마치 내 것인 듯 무심하게 지나쳐버릴까?

모든 것을 잃을 듯한 삶의 위기가 닥쳐왔을 때는 당연하게 여기던 것들이 당연한 것이 아니었음을 깨닫게 된다. 내 삶을 이루던 일상은 당연한 것이 아니라 주어진 것이었음을 받아들이게 되는 순간이다. 질병을 얻은 이후로 매일 아침 눈을 뜨는 것이 너무 감사하다.

'하나님 오늘도 깨워 주시고 살게 해 주심을 감사합니다.'

음식을 먹을 수 있고 소화할 수 있고, 화장실을 갈 수 있고, 기운을 얻어 걸어다닐 수 있다는 것 자체로 너무 감사하다. 매 순간이 감사로 채워지게 된다. 가족과 함께 손잡고 외출할 수 있다는 것이 감사하고, 함께 앉아 이야기 나눌 수 있다는 것 자체로 감사가 넘쳐나게 된다.

'왜 내게 이처럼 주어진 것들에 대해 난 감사하지 못했을까?', '너무나도 누리고 있는 것들이 많아서는 아닐까?', '모든 것이 하나님께서 내게 허락하신 은혜라는 것을 왜 일찍 깨닫지 못했을까?'

여러분도 한번 생각해 보라. '지금 순간 나에게 주어진 것들이 당연한 것일까?', '내가 충분히 누릴 만한 가치가 있기 때문일까?'

우리는 무엇인가에 대해 당연시하는 경향이 있다. 그것을 때로는 "평범하다"고 말하기도 한다. 하지만 평범하다는 것의 기준은 제각기 다르다는 것을 아는가? 하루에 한 끼 식사를 걱정하는 사람에게는 하루 세 끼 식사를 하는 사람들의 평범함이 결코 평범함이 아니다. 그들에게는 바람이고 소망이 되는 것이다. 건강한 사람이 하루를 힘차게 시작하는 것이 평범함이라고 간주한다면 아픈 병자에게는 건강한 하루가 바람이고 소망이 되듯 말이다.

그러고 보면 "평범하다"라는 것은 굉장히 어려운 것 같다. 내가 당연히 누려야 하는 것은 없다. 살고 있는 환경도, 건강도, 사계절이 바뀌는 이 땅도, 섬기고 있는 교회도, 이루고 있는 가정도, 내 삶의 모든 것이 하나님의 은혜로 주어진 것이다. 그래서 내게 주어진 모든 것들은 결코 평범한 것이 아니다. 하나님으로부터 감사로 주어진 것들이란 사실이다. 그렇다면, 감사한 것들이 얼마나 많은가? 지금 이 순간 아프지 않고 편안히 앉아만 있을 수 있는 것 자체도 감사하지 않은가? 지금 이 순간 내가 숨을 쉴 수 있고, 생각할 수 있고, 아프지 않을 수 있다는 것만으로도 말이다.

난 대장암수술을 하고 나서 2달간 제대로 걸을 수가 없었다. 상처가 아물지 않아 매일 병원에서 고름을 짜내고 거즈를 상처 사이로 집어넣어 물을 짜내 닦아내야 했다. 이 치료과정은 사실 너무 아프고 쓰리다. 찢어지고 상처 난 복부에 힘이 생기지 않는다. 너무 아파서 제대로 등을 펼 수도 배에 힘을 줄 수도 없다. 순간 거리를 활기차게 걷는 사람들을 바라보면서 난 눈물이 났다.

'나도 저런 때가 있었는데', '나도 잘 걷고 뛸 수 있었는데.'

그런데 난 평범했던 것들조차 할 수 없다는 사실이 너무 힘들었다. 내가 당연한듯 누렸던 것들이, 평범하게 바라본 것들이 결코 내 것이 아니었구나 라는 것을 깨닫는 순간 보잘것없이 여겨졌던 것들에 대한 마음과 시각이 바뀌게 되었다. 모든 것이 감사하다는 것이다. 이 순간 앉아서 글을 쓸 수 있다는 것도, 사랑하는 아기와 끌어안고 뒹굴 수 있다는 것도, 가족들과 손잡고 산책할 수 있다는 사실도 너무 감사하다. 내가 지금 이 순간 누리는 기쁨이 짧게 끝나지 않기만을 바랄 뿐이다. 평범한 것도 없고 당연한 것도 없다. 일상에서 내가 누리는 모든 것이 너무나도 기쁜 것들이고 감사한 것들이다.

여러분의 삶에 감사가 사라졌는가? 무언가 더 누려야겠는가?

내가 무언가를 누려야 한다는 것을 당연시 여기지 마라. 내가 누릴 수 있다는 것은 하나님의 은혜로 내게 주어진 것임을 깨달아라. 그리고 매 순간 모든 것에 감사의 눈으로 바라보라. 아름답고 눈물나는 것들을 너무 많이 발견하게 될 것이다.

지금 당장 하나님께 감사를 고백하며
감사한 것들을 일상에서 찾으라.
삶이 더욱 아름다워 보일 것이다.

피검사(Blood Test)

항암을 하기 전 반드시 거쳐야 할 과정이 있다면 피검사 blood test 이다. 항암을 할 수 있는지 피검사를 통해 내 몸의 상태를 체크하는 항암 전 단계이기 때문이다. 피검사에는 수많은 체크항목이 나온다. 그중 내가 눈 여겨 보는 것은 면역수치이다. 면역수치의 기준은 1800-7000까지 정상으로 간주한다. 하지만 항암환자들의 면역은 턱없이 낮아져 있다. 몸 속에 투여된 항암제가 몸의 세포들을 공격하기 때문이다. 그래서 많은 항암환자들이 낮은 면역력 때문에 항암을 때론 못하기도 한다.

외래검진을 마친 한 여자환자가 옆에서 운다. 간호사와 나누는 이야기를 듣게 되었다.

"환자분, 면역이 800 정도라 이번에는 항암을 할 수 없어요."

"그럼 전 어떡하죠?" 환자는 울며 걱정을 한다.

간호사는 위로하며 "면역주사를 맞아서 면역을 높인 후 해 보도록 하죠."

문득 생각이 스친다.

'항암제 안 맞으면 오히려 좋아해야 하는 것 아니야?'

그런데 항암환자는 걱정에 사무쳐 운다.

'이거라도 맞아야 하는데, 만약 항암도 할 수 없으면 난 어떻게 되는 거지?'

때론 고통인 줄 알면서도 해야만 하는 것들이 있다. 지극한 고통이 있는 줄 알면서도 눈물을 머금어야 하는 것이다.

예수님이 십자가에 달리신 고통이 이와 같을 것이다. 상상할 수 없이 가장 지극한 고통을 상징하는 로마의 형벌인 십자가를 예수님께서는 눈물을 머금고 선택하셨다. 바로 '나'라는 죄인을 위해서 말이다.

> "이에 예수께서 가라사대 아버지여 저희를 사하여 주옵소서 자기의 하는 것을 알지 못함이니이다 하시더라 저희가 그의 옷을 나눠 제비 뽑을 때" (누가복음 23:34)

그리고 예수님이 십자가에 대못에 찔려 달리신 후 우신다.

"엘리 엘리 라마 사박다니."

> "제 구시에 예수께서 크게 소리지르시되 엘리 엘리 라마 사박다니 하시니 이를 번역하면 나의 하나님 나의 하나님 어찌하여 나를 버리셨나이까 하는 뜻이라" (마가복음 15:34)

혹시 피할 수 없는 고통을 눈물을 머금으며 선택해야 하는 상황 가운데 있는가? 예수님의 눈물을 떠올려라. 나를 위해 대신 짊어지신 예수님의 십자가 고통과 죽음이 나를 살렸고 우리는 그로 인해

암을 치유하는 앎

평안 가운데 살고 있는 것이다. 현재 나의 고통이 이와 같을 것이라 생각하며 다시 이겨내자. 이 고통에는 그 이유와 끝이 있기 때문이다.

이 또한 지나가리라

중간점검

항암 기간 중 CT촬영은 중간점검 받는 시간이다. 내 몸이 얼마나 암세포와 잘 싸워 이기고 있는지, 항암제가 내 몸 속에서 얼마나 효과를 발휘하고 있는지 점검하게 된다. 암환자들은 이 시간이 굉장히 떨리고 두려운 시간이 된다.

'혹시 더 나빠지지는 않았을까', '전이되거나 재발하면 안 되는데', '항암제가 효과 없으면 어쩌지' 등 많은 두려운 생각이 나를 휘감는다. 신앙생활에도 중간점검이 필요하다.

'내가 올바른 신앙생활을 하고 있는 것일까?', '내 믿음이 올바르게 세워져 있는 것일까?', '나의 영적상태는 현재 어떠할까?' 신앙의 점검은 신자에게 두려운 시간이 되어야 한다. 두려운 마음으로 체크해야 하는 것이다.

성경에도 이스라엘 백성들의 신앙점검 시간이 있었다. 절기마다 드리는 제사의 시간이었다. 번제, 소제, 화목제, 속건제, 속죄제 등 많은 제사의 형식이 있었다. 제사는 그 형식마다 뜻하는 의미가 달랐다. 그만큼 다양한 측면에서 백성들의 신앙을 점검하도록 만들어 주는 것이 하나님께 드리는 제사의 시간이었던 것이다. 이스라엘 백성은 하나님께 나아가는 제사의 시간은 가장 경건하고 두려

암을 치유하는 앎

운 시간이 되었다.

마찬가지로, 현대의 예배 역시 우리의 신앙을 중간점검 받는 떨림과 두려움의 시간이 되어야 한다. 일상을 살아가면서 의식적 또는 무의식적으로 저지르는 죄를 깨닫고 예배의 자리로 나아가 회개가 이루어지고 용서함의 은혜를 누리는 시간이 되는 것이다. 성경을 살펴보면 하나님 앞에 우리가 어떤 모습으로 나아가야 하는지에 관해 말씀을 한다. 다윗이 우리야의 아내 밧세바와 동침한 후 자신의 죄악을 깨닫고 하나님 앞에 회개함으로 나아가는 장면이다.

> "하나님이여, 주의 인자를 따라 내게 은혜를 베푸시며 주의 많은 긍휼을 따라 내 죄악을 지워주소서 나의 죄악을 말갛게 씻으시며 나의 죄를 깨끗이 제하소서 무릇 나는 내 죄과를 아오니 내 죄가 항상 내 앞에 있나이다... 하나님이여 내 속에 정한 마음을 창조하시고 내 안에 정직한 영을 새롭게 하소서" (시편 51:1-10)

하나님 앞에 우리는 모두 용서받아야 할 죄인이다. 우리는 일상에서 알게 또는 모르게 많은 죄를 지으며 살아간다. 세상의 많은 죄악 가운데 살아가면서 우리는 죄에 대하여 익숙해지고 하나님을 향해 점차 둔감해진다. 하나님의 경건한 백성으로 살아가기 위해 우리에게는 죄에 대하여 민첩함이 필요하지만, 영적 둔감함 때문에 점차 저지르는 죄의 강도와 횟수는 늘어나게만 된다. 다윗 역시 그랬다. 사울에게 쫓기며 두려운 위협 가운데 살아갈 때는 하나님을 한시도 붙잡지 않으면 살아갈 수가 없었다. 영적으로 민첩하게 깨어 하나님을 바라봐야만 살 수 있었다. 하지만 이제는 왕국을 이루고 모든 것이 하나님의 은혜 가운데 편안함 가운데 지낼 수 있게 되었다. 자신이 직접 나서서 전쟁에 나갈 필요도 없다. 다른 사람을 대신 전쟁에 내보내면 된다. 하지만 이런 편안함과 일상이 점차 다윗의 영적 민첩함을 둔감하게 잠재워버렸다. 마치 세상에 마취된 것처럼 말이다. 마취되면 날카로운 칼이 내 몸에 들어와도 고통을 느끼지 못한다. 마취에서 깨어날 때 그제서야 극심한 고통을 느끼게 되는 것이다.

하나님께 나아가는 시간은 세상에 마취되어 둔감해진 우리의 영을 깨우는 시간이다. 하나님 앞에 벌거벗겨진 모습으로 나아갈 때 죄에 대한 부끄러움과 죄로 인한 죄책감에 몸부림칠 수밖에 없다. 그리고 하나님의 말씀이 날카로운 날이 선 좌우의 양날검과 같이 우리의 "혼과 영과 및 관절과 골수를 찔러 쪼개기까지 하며 또 마음의 생각과 뜻을 판단_{히 4:12}"하는 시간이 예배의 시간이 된다.

암환자에게 CT검사는 두려운 시간이지만 앞으로 내가 어떻게 또 살아갈 수 있는지 방향을 보여 주기도 한다. 내 몸의 상태에 대해 더욱 민감하게 살 수 있도록 만드는 자극이기도 하기 때문이다. 다음 CT 검사 결과는 어떻게 될까? 두려움이 있지만 희망을 가지고 또 3개월을 살아가려 한다 CT검사는 대략 3개월마다 진행한다. 나는 믿는다. 지금처럼 믿음을 붙잡고 내 몸 상태에 민감하게 깨어 관리하면 좋

암을 치유하는 앎

은 결과가 있도록 하나님이 해 주실 것을 바라보며 두려움이 아닌 평안한 소망으로 다시 마음을 다잡아 본다.

사도 바울의 고백이 있다.
"그러므로 우리가 낙심하지 아니하노니
우리의 겉사람은 낡아지나
우리의 속사람은 날로 새로워지도다"
고린도전서 4:16

하나님 앞에 나아가 날마다 새로워지기를 소망하라.
우리 몸은 비록 낡고 늙어가지만
영으로 깨어 있을 때
우린 언제나 청년의 모습으로 건강하게 살 수 있다.

12번의 항암
그리고 또 다른 12번, 그리고 또…

2021년 12월부터 항암을 시작하여 12번의 항암이 끝났다. 2주 간격으로 항암을 12번을 해냈다는 것이 믿어지지 않으면서도 나 스스로도 안쓰러운 생각이 들기도 했다.

'힘든 과정인데 잘 버텼네 이 고통을 어떻게 버텨냈을까.'

항암에는 주기cycle가 있다. 12번의 항암을 최대 한 싸이클로 간주한다. 12번 항암을 마치고 또 CT 검사를 한다. 또 떨리는 순간이다. 어떻게 되었을까? 의사가 CT 검사 결과를 보고 말해준다.

"나빠지지 않았어요. 나빠지지 않으면 그게 다행이에요.""계속 이대로 가면 돼요."

순간 생각이 든다. '계속 가면 된다고?' 그럼 이 힘든 12번의 항암을 또 해야 한다는 말인가?' 난 궁금해서 물어보았다.

"얼마나 더 항암을 해야 할까요?"

그런데 생각해 보니 의사도 '몇 번만 하면 된다'라는 정확한 대답을 할 순 없을 것 같았다. 암이라는 것이 몇 번 해서 얼마나 없어진다는 정확한 데이터를 기록하면서 할 수 없기 때문이다. 사람마다 다르고, 암의 종류, 형태, 위치에 따라 천차만별이기 때문이다.

암을 치유하는 앎

집으로 돌아오는 길에 여러가지 생각에 휩싸인다.

'언제까지 항암을 해야 할까?' '언제쯤 내 몸속의 암세포가 다 사라질까?'

걱정과 두려움이 나를 사로잡으려 했지만 아내와 나의 대화는 하나님으로 방향을 전환시켰다.

"어차피 하나님이 하셔야 하는 일이야."

"인간의 의학은 답이 없고 어쩔 수 없는 상황을 만나지만 하나님이 하시면 안 될 것 없잖아."

"결국 하나님이 이기도록 하실 테니까 다시 마음 굳게 먹고 항암을 또 해 보자."

"나빠지지 않았으니 얼마나 다행이야. 그것만 해도 우린 감사해."

집으로 돌아오는 길이 하나님을 향한 감사와 소망으로 채워진다.

> "지혜가 네 영혼에게 이와 같은 줄을 알라 이것을 얻으면 정녕히 네 장래가 있겠고 네 소망이 끊어지지 아니하리라" (잠언 24:14)
> "소망의 하나님이 모든 기쁨과 평강을 믿음 안에서 너희에게 충만하게 하사 성령의 능력으로 소망이 넘치게 하시기를 원하노라" (로마서 15:13)

우리가 좋은 것을 바라볼 수 없는 상황에서도 좋은 것을 볼 수 있는 것은 하나님은 소망의 하나님 되시고 바라볼 수 있는 지혜를 허락하시기 때문이다. 인간의 생각은 데이터를 찾고 실험 데이터의 결과에 많은 의존을 한다. 과학적 방법으로 도출된 결론을 하나님보다 더 우선시하고 기댈 때가 더 많기 때문이다. 내 눈으로 확인해야 하고, 과학적 실험으로 검증된 데이터를 하나님보다 더 신뢰할 때가 많다. 하지만 하나님은 인간의 과학, 지식, 데이터보다 더 지혜로우신 분이다. 하나님 그분 자체가 이 세상을 창조하시고, 인간의 지식을 창조한 창조주 되시기 때문이다.

우리는 살면서 좋지 않은 상황, 믿을 수 없는 현실을 마주하기도 한다. 그 때마다 인간의 지식과 데이터를 찾으려 하지 말고, 하나님의 지혜를 구하는 모습이 필요할 것이다. 아무리 현실이 좋지 않은 상황일지라도 우리 생각의 방향을 하나님께로 향하면 그 순간 소망이 넘치는 상황으로 전환될 수 있다. 하나님이 소망을 볼 수 있는 지혜를 주시기 때문이다. 이후 나는 12번의 항암을 또 다시 시작했고, 그 이후 또 다른 12번의 항암을 하나님 주시는 지혜와 체력으로 잘 이겨냈다 2023년 1월. 그리고 24번의 항암을 넘어 또 다른 36번을 향한 항암을 시작하고 있다.

끝이 없어 보이는 기나긴 싸움이
나를 좌절시키고 낙망시킬 때 포기하지 말고
하나님의 지혜를 구하라.
하나님의 지혜는 우리의 생각의 방향을 바꾸어
절망에서 소망으로 바라볼 수 있는
힘을 주시기 때문이다.

암을 치유하는 앎

사랑하는 이들과 많은 시간을 보내라

가족과 함께 하는 시간이 많아졌다. 아기와 많이 놀아주고 아내의 집안일을 도와주고 서로 좋은 기억, 좋은 추억을 만들기 위해 시간을 사용한다. 아기를 데리고 동물원에도 데려가고, 그동안 다녀보지 못했던 가족여행도 다녀온다. 함께 시간을 보내면서 내 자신에 대해 욕심이 더 생긴다.

'내가 더 건강해야 하는데, 그래야 더 많이 시간을 가족과 함께 보낼 수 있지.'

그래서 체력관리, 식사관리 등 암환자가 반드시 지키며 해야 할 것들에 대해 철저하게 지키며 살려고 힘을 쓰게 된다.

암진단을 받고 난 후 나의 기도에 많아진 간구가 있다면 그것은 "하나님 저 더 오래 살게 해주세요", "하나님 내게 시간을 좀 더 주세요"라는 기도의 간구였다. 아프니까 시간이 촉박했다. 혹시라도 하는 생각에 이 순간이 나에게 다시 오지 못할 거라는 초조함과 압박감 때문이었다. 병중에 있던 내게 미국에서 부모님이 찾아와 2달간 함께 했던 시간이 있었다. 내 몸과 마음이 가장 힘들었던 순간에 부모님이 코로나19의 어려움을 뚫고 한국에 와서 나를 돌봐주셨던 것이다. 그런데 함께 지내는 동안 엄마의 잔소리와 간섭이 너무 많았다. 죄송한 말이지만 함께 있는 시간이 나에겐 더 힘든 시간인 듯했다. 하지만, 부모님이 다시 미국으로 돌아가시는 그날 난 아파트 산책로를 하염없이 울고 걸으며 기도를 했다. 하나님이 주시는 감동이 있었기 때문이었다. 부모님께는 시간이 없었던 것이다. 사랑하는 아들과 함께 할 시간이 너무 촉박하고 급했던 것이었다. 조금이라도 아들을 살리기 위해 무엇이라도 해 주고 싶으셨던 그들에게는 함께할 시간이 없었기에 조급하셨던 것이었다. 그렇다. 함께할 수 있는 시간이 많다는 것은 우리에겐 너무 큰 축복이다. 다만 함께한다는 축복을 당연한듯 여기고 살기에 함께함의 기쁨을 크게 느끼지 못하고 지나쳐 버릴 때가 많을지도 모른다.

예수님께서도 이 마음이었을 것이다. 십자가에 달리실 시간은 급하게 다가오고 있었다. 하지만, 아직 이 땅에 예수가 그리스도로 오신 것을 믿지 않고 알지 못하는 이들이 너무나도 많았다. 예수님은 3년간의 공생애를 사시면서 많은 기적과 말씀을 선포하고 다니셨다. 몸소 보여 주시고 가르쳐 주시고, 함께 생활하시면서 알게 하셨던 것이다. 하지만, 예수님과 함께했던 사람들은 예수님이 떠나실 것을 예상하지 못했고, 함께하심이 당연한 것으로만 알았다. 그래서 더 욕심을 부렸다.

마태복음 20:20-24

20. 그 때에 세베대의 아들의 어머니가 그 아들들을 데리고 예수께

암을 치유하는 앎

와서 절하며 무엇을 구하니

21. 예수께서 이르시되 무엇을 원하느냐 이르되 나의 이 두 아들을 주의 나라에서 하나는 주의 우편에, 하나는 주의 좌편에 앉게 명하소서

22. 예수께서 대답하여 이르시되 너희는 너희가 구하는 것을 알지 못하는도다 내가 마시려는 잔을 너희가 마실 수 있느냐 그들이 말하되 할 수 있나이다

23. 이르시되 너희가 과연 내 잔을 마시려니와 내 좌우편에 앉는 것은 내가 주는 것이 아니라 내 아버지께서 누구를 위하여 예비하셨든지 그들이 얻을 것이니라

24. 열 제자가 듣고 그 두 형제에 대하여 분히 여기거늘

예수의 제자들은 예수께서 이 땅에서 왕의 자리를 차지할 것에만 관심이 있었던 듯하다. 그래서 좋은 자리를 먼저 선점하려는 욕심에 사로잡혀 있었다. 여기서 제자들이 놓친 것이 있다. 바로 좋은 자리란 왕의 자리가 아닌 예수와 함께했던 일상의 그 순간이었다는 사실이다. 예수의 말씀을 듣고, 사랑을 받고, 가르침을 몸소 볼 수 있던 자리가 바로 은혜의 자리, 축복의 순간이었는데 말이다.

지금 시대는 '함께'보다는 '해체' 즉, '개인'이라는 단어를 더 중시하는 사회다. 그래서 인터넷도 보면 '브이로그 video-blog'와 같은 개인의 사생활을 담아내는 개인 중심 프로그램이 인기를 끈다. 예전에는 티비 프로그램을 보면 "명랑운동회", "가족오락관"과 같은 함께하는 프로그램이 중심이고 인기를 끌었다면 지금 시대는 "나는 자연인이다", "나 혼자 산다", "미운우리새끼", "혼밥" 등과 같은 '혼자'

라는 개인을 보여주는 프로그램이 더 인기를 끌고 있기 때문이다. 하지만 하나님은 '혼자'보다는 '함께함'을 중시하셨기에 제자들과 함께 다니시고, 결국 하나님 말씀을 중심으로 함께하는 교회라는 공동체가 생겨나게 된 것이다.

함께할 수 있다는 그 자체가 감사다. 함께한다는 것 자체가 복이고 은혜다. 함께하면 힘이 생기고 함께하면 웃음꽃이 핀다. 그리고 함께할 때 아픔도 치유되고 질병도 낫는다. 가족과 함께하면서 웃는 일이 더 많아졌고 내가 여전히 살아 있고 회복하는 모습을 보며 기쁨과 감사가 더욱 많아지고 있다.

함께하라.
함께하는 시간을 더 많이 만들고
함께함의 기쁨을 찾으라.
함께할 때 힘이 생기고
함께할 때 더 건강해진다.

암을 치유하는 앎

좋은 음식을 해먹어라

암진단을 받고 난 뒤 내 삶에서 가장 많이 바뀐 것이 있다면 바로 '음식'일 것이다. 예전에는 튀긴 음식, 기름진 음식, 단 음식, 매운 음식 등 가리지 않고 먹었다. 음식과 건강의 연관성을 생각하면서 먹기 보다는 맛있는 것, 내가 좋아하는 것 위주로 먹었다. 그런데, 내가 좋아했던 것, 맛있었던 것은 내 몸이 암과 싸우는 데 도움이 되지 않는 음식들이었다. 그래서 지금 암 투병 중 가장 신경쓰는 것은 어떤 재료를 사용하여 어떻게 음식을 해먹는가이다. 최대한 유기농 재료를 선택하여 조미료를 사용하지 않고 신경 써서 조리한다는 것은 결코 쉬운 일이 아니다. 이것저것 따지면서 하다보면 먹을 음식이 너무 제한적이었던 것이다.

성경의 레위기를 살펴보면 하나님 백성으로 살아가면서 지켜야 할 것들에 대하여 많은 자세한 설명이 있다. 먹어야 할 것, 먹지 말아야 할 것, 또 어떻게 먹어야 하는지까지 자세하게 알려 준다.

'아니 먹을 것도 충분하지 않은 시대에 저렇게까지 골라 먹으면 무엇을 먹고 살아야 할까?' 순간 생각이 든다. 그런데 아는가? 지금 시대가 과거보다 더 먹을 것이 없다는 것이다. 넘쳐나는 먹거리가 있지만 내 몸을 건강하고 윤택하게 해주는 먹거리는 사실 별로 없다는 아이러니가 존재하는 것이다.

암투병생활을 하면서 생활비가 이전보다 몇 배는 늘어나게 되었다. 지금의 현대인을 위한 편안한 요리재료와 조리법은 암환자에게 결코 도움이 되지 않는다. 달걀 한 가지를 사더라도 암환자에게 좋은 달걀은 호르몬/항생제를 투여 받지 않고 방목하여 길러낸 종자에서 낳은 달걀이다. 그런데 이런 달걀은 지금 찾아 보려 해도 찾기 힘들고 가격 또한 일반 달걀의 몇 배나 비싸다. 야채는 어떠한가? 야채도 농약을 뿌리지 않은 유기농 야채를 중심으로 구입하여 조리하는 것이 훨씬 좋다. 육류도 마찬가지다. 현대의 기술로 유전자를 조작해서 대량생산하는 가축의 종자에는 다량의 항생제와 호르몬제가 투여된다. 이러한 재료들을 사용하여 요리하면 결국 좋지 않은 성분들이 인간의 몸속에 축적되고 면역력 저하 및 질병을 유발한다.

사실 음식으로 몸을 낫게 하지 않으면 우리 몸은 회복하기 힘들다. 암환자들도 항암제 이외에 특별히 섭취하는 약은 사실 별로 없다. 의사들도 일상의 음식을 건강하게 잘 섭취하라고만 권고한다. 하지만, 지금 시대에 음식을 건강하게 섭취하는 것이 쉽지 않기 때문에 건강식을 먹기 힘든 실정이다.

그래도 이 순간에도 최선을 다해서 암을 이겨내기 위한 건강하고 지혜로운 식단으로 음식을 집에서 조리해서 섭취하며 암과 싸우고 있다. 음식 하나하나에 정성을 다 쏟아부어서 만드는 것이다.

태우지 않도록, 튀기지 않도록, 짜지 않도록, 몸에 건강하도록 정성을 쏟는다. 그럼 이런 음식을 몸도 좋아한다. 기분도 좋고 마음도 편하다.

암 진단 이전보다 지금 암투병을 하고 있는 현재가 더 건강할지도 모른다. 내 몸에 좋은 것을 더 많이 섭취하고, 좋지 않은 것을 최대한 먹지 않으며 생활하고 있기 때문이다. 현대의 많은 음식은 현대인들을 병들게 하고 있는 성분이 많다. 간편하고 빠르게 만들어 먹을 수 있도록 만들어진 음식에는 많은 정성과 노력이 그다지 필요하지 않다. 빨리 먹으면 되니까. 사람들 입만 조금 즐겁게 해주면 되니까. 하지만 먹기 전 다시 생각해 보라. 이것이 내 몸을 즐겁고 건강하고 편안하게 해 줄지를 말이다.

건강하다고 아무것이나 먹지 마라.
잘 살펴보고 따져보고
정성스럽게 식사를 만들어 먹어라.
내 몸이 즐겁고 더 건강해질 수 있다.

삶과 죽음의 의미

　마트에 가서 당근을 사왔다. 당근이 두 종류가 있었다. 세척당근과 흙당근. 내 생각에는 세척당근이 더 비쌀 것 같았는데 오히려 흙당근이 비쌌다. 이유는 세척은 수입해서 닦아 판매하는 제품이고 흙당근은 오직 국내에서 재배한 것으로만 팔게 되어 있기 때문이라고 한다. 마트 직원분은 흙이 묻어 있는 당근이 더 좋은 것이라고 추천해 줬다.

　흙이라는 것에 대해 생각해 보게 된다. "인간은 죽으면 흙으로 되돌아간다"라는 표현을 사용한다. 하나님은 이 땅을 창조하셨다. 그리고 땅에서 식물과 동물을 포함한 모든 자연환경을 아름답게 만들었다. 게다가 땅의 흙으로 인간을 만들어 그가 지으신 완전한 환경에서 살게 하셨고 그리고 그 모습을 보시며 "심히 좋았더라"고 말씀하셨다.

　땅에서 살아가는 한 사람의 일생을 '삶'이라고 부른다. 하나님 지으신 완전한 환경에서 인간은 아름다운 삶을 살 수 있는 기회가 주어졌지만, 인간은 주어진 아름다움을 자신의 이기심과 욕망으로 인해 죄 가운데 부숴버렸다. 그리고 땅은 더 이상 그 아름다움 자체를 인간에게 살도록 할 수 없었다. 왜냐하면 인간의 죄악이 하나

암을 치유하는 앎

님의 아름다우심을 넘어섰기 때문이다. 하나님 만드신 것보다 더 완벽한 아름다움을 찾으려는 교만함이 인간의 마음을 차지해버린 것이다. 이로 인해 인간은 하나님의 징벌을 받게 된다.

창세기 4:17-19

17. 아담에게 이르시되 네가 네 아내의 말을 듣고 내가 네게 먹지 말라 한 나무의 열매를 먹었은즉 땅은 너로 말미암아 저주를 받고 너는 네 평생에 수고하여야 그 소산을 먹으리라
18. 땅이 네게 가시덤불과 엉겅퀴를 낼 것이라 네가 먹을 것은 밭의 채소인즉
19. 네가 흙으로 돌아갈 때까지 얼굴에 땀을 흘려야 먹을 것을 먹으리니 네가 그것에서 취함을 입었음이라 너는 흙이니 흙으로 돌아갈 것이니라 하시니라"

하나님의 질서를 무너뜨린 인간의 죄는 이제 땅에서 땀 흘리고 수고하여야만 살 수 있게.되었다. 땀 흘리는 수고를 통해 땅에서 만들어지는 열매를 거두어야만 했다. 열심히 열매 거두기를 통해 인간의 삶을 만들어가게 되고 여기서부터 인간의 경쟁사회가 비롯된다. 인간의 열매 거두기 경쟁은 점차 열매의 양적인 부분을 통해 삶이 '행복한가' 아니면 '불행한가'에 많은 기준이 세워진다. '많이 가진 사람이 더 행복해 보이고 적게 가진 사람은 불행하다'라는 인간의 인식은 어느덧 물질이 우상이 되어버리는 우상숭배의 삶으로 인간의 삶을 변질시켜 버린다. 하나님이 계획하신 인간의 삶은 가

진 자의 척도가 아니라 하나님 만들어 주신 영역에서의 만족을 누리는 아름다움을 추구하는 삶이었는데 말이다. 이것이 인간의 죄로 왜곡된 것이다.

암환자들은 삶과 죽음의 의미에 대해 자주 생각을 하게 된다. 암이라는 죽음을 위협하는 존재가 내 몸 속에서 꿈틀대기 때문일 것이다. 암이라는 질병은 죽음을 더 가까이 바라보도록 항상 두려움을 준다. 죽음은 모두에게 두려운 단어일 것이다. 나도 그렇다. 죽음은 두렵다. 더 살고 싶고, 아직 이 땅에서 놓치고 싶지 않은 많은 것들이 있다.

그렇다면 살아있다는 것은 죽음에 비해 그렇게 좋은 것일까? 어떤 이는 삶이 고되다 말하고, 삶에 힘겨워하는 이들도 있다. 삶의 무게가 너무 무겁다 하여 죽음을 오히려 생각하는 이도 있고, 결국 죽음을 택하는 이도 있지 않은가! 그렇다 할지라도 나는 아직 살아있는 삶이 죽음보다는 좋다고 말할 수 있을 것 같다. 왜냐하면, 삶에서 누릴 수 있는 가치의 기회가 죽음보다는 더 많다는 연속성이 있기 때문이다. 죽음도 가치를 남기는 연속성이 있기는 하다. "호랑이는 죽어서 가죽을 남기고 인간은 죽어서 이름을 남긴다"라는 표현처럼 죽어서도 그 가치가 살아 있는 영향력을 끼칠 수 있기 때문이다.

그래도 현재를 살아가는 나는 여전히 더 살고 싶다. 살아서 조금이라도 귀한 가치를 세상에 전하고 싶다. 내가 전하고자 하는 가

암을 치유하는 앎

치는 예수 그리스도이다. 나를 창조하시고, 이 땅에서 수고하며 땀 흘리며 살아갈 수 있는 삶이라는 기회를 주신 분이다. 살아서 전한 복음의 가치는 내가 죽어서도 이 땅에서 남겨놓고 전하고 싶은 예수 그리스도의 이름과 사랑이다. 난 아직 더 전하고 싶고 예수 그리스도를 많은 사람들에게 조금 더 알 수 있도록 가르치고 싶다. 그래서 지금 싸우고 있는 암과의 사투에서 여호와 닛시, 즉, 하나님의 이름으로 승리해야만 한다. 그리고 나를 죽이려 하는 암으로부터 치유하시고 해방시킬 능력을 가지신 하나님을 알아가기에 더욱 힘써야 한다. 내 삶을 통해 하나님의 승리의 나팔소리가 퍼져 나가도록 하기 위함이다. 이것이 내가 하나님 내게 주신 땅에서 땀 흘리며 수고하여 맺은 열매로 하나님께 다시 올려 드리기 위한 삶의 가치라고 생각한다.

당신에게도 이 땅에서 당신의 삶 가운데 맺고자 하는 가치의 열매가 있을 것이다. 당신의 가치열매가 하나님이 되길 바란다. 이 땅에서 하나님의 존귀한 가치가 세워지도록 힘쓰는 여호와 닛시의 사람이 되길 소망한다.

이 책은 질병이라는 고통이 하나님을 바라볼 수 있는 연결통로가 되길 소망하며 써 내려갔습니다. 암이라는 질병은 인간의 몸뿐만 아니라 마음까지도 죽일 수 있는 무서운 질병입니다. 처음 대장암 4기라는 진단을 받았을 때 아무것도 바라볼 수 없는 깊은 나락에 빠진 듯했습니다. '과연 나는 살 수 있을까', '수술은 할 수 있는 것인가', '앞으로 나에게 남은 시간은 얼마나 될까' 등 두려운 생각이 내 마음을 더욱 깊은 나락으로 끌고 들어갔습니다. 몸도 죽어가고 있는데 마음까지도 죽이려는 무서운 암이었고 순간 내 마음은 이미 죽어 있었습니다.

하지만 죽어가는 나를 치유하며 살리는 힘이 있었습니다. 바로 하나님이셨다는 사실입니다. 질병 가운데 죽어버렸던 나의 마음을 다시 살려 주셨고, 지금도 살게 하시고, 또한 앞으로도 살게 하시는 바로 그 능력이 하나님께 있음을 깨닫게 되었습니다. 암 Cancer 은 나를 죽이려 하지만 하나님을 아는 지식, "앎 Knowledge "은 나를 살리고 있습니다. 그리고 암과의 목숨을 건 전쟁 같은 싸움에서 나를 살리고 이기게 하시는 승리의 하나님을 다시 만나게 되고 하나님을 붙잡는 강한 믿음의 확신으로 글을 쓰게 하셨습니다.

여전히 많은 환자들이 자신의 질병과 싸우고 있을 것입니다. 그것이 어떤 질병이든 우린 이기기 위해 싸워야 합니다. 그렇다면 우린 '어떻게 이길 것인가'라는 질문에 마주치게 됩니다. 현대 의학으로도 완전히 치료할 수 없는 많은 질병들이 있습니다. 하지만 하나님은 현대의학이 할 수 없는 그 어떤 일도 하실 수 있는 능력을 가지고 계시다는 것입니다. 그것을 성경이 증언하고 있고 우리에게 알게 하고 있습니다. 나 역시 현대 의학이 할 수 없는 한계상황을 만나고 있고, 언제까지 이 싸움을 해야 할 것인가라는 막연함이 내 마음을 죽도록 공격하고 있지만 난 여전히 이기고 있습니다. 바로 하나님을 알아가는 "앎"과 하나님을 아는 "앎"이 내게 더 큰 믿음의 확신과 소망을 가져다 주기 때문입니다.

나와 비슷한 고통과 질병 가운데 있는 여러분도 살 수 있습니다. 치유하시고 살려 주실 하나님이 계심을 알고 있다면, 그리고 그 하나님이 어떤 분이신지 안다면 우린 결코 패배자의 모습으로 죽지 않습니다. 고난 가운데 있는 모든 분들이 하나님이 만나게 해 주실 승리의 확신으로 어떤 상황에서도 이겨내기를 기도하며 소망합니다. 그리고 여러분의 삶 속에 하나님 승리의 간증이 풍성하길 소망합니다. 그리고 읽어 주셔서 감사하며 은혜를 함께 나누며 기도해 주셔서 감사합니다. 우린 모두 승리자입니다. 하나님이 반드시 이기게 하십니다. 승리하세요.

암을 치유하는 앎

초판 1쇄   2023년 4월 17일

지은이   심세진
발행인   김재홍
교정/교열   김혜린
디자인   현유주
마케팅   이연실

발행처   도서출판지식공감
등록번호   제2019-000164호
주소   서울특별시 영등포구 경인로82길 3-4 센터플러스 1117호{문래동1가}
전화   02-3141-2700
팩스   02-322-3089
홈페이지   www.bookdaum.com
이메일   jisikwon@naver.com

가격   14,000원
ISBN   979-11-5622-789-2 03230